Rhyme with Ease........

If you've ever had trouble using a regular rhyming dictionary — with its many and difficult-to-find endings and blendings and long word-lists — this book is for you.

In fact, knowing your alphabet is all that's needed to quickly unlock the mystery of what rhymes with what for 3600 selected words . . . as well as providing a built-in formula for locating thousands of additional rhyming combinations with equal ease.

●●●●●●●●●●●●●●●●●●●●●●●●●●●●●●

To Erskine Caldwell
with the best of good wishes
always... and in appreciation of
his visit to Ashland, Oregon
Ernst Bacher

RHYME WITH EASE

by
Ernest L. Sackett

SACKETT PUBLICATIONS
Grants Pass, Oregon 97526

This book is dedicated to two great friends:

Walt Morey, famed author of such children's classics as "Gentle Ben," "Kavik, the Wolf Dog," and "Sandy and the Rock Star," and one of the truly finest men I have ever known;

L. M. Boyd, a friend from high school days, whose writings—as a nationally-syndicated newspaper columnist and expert on trivia—are read, quoted and loved by millions of Americans everywhere.

Copyright © 1982 Ernest L. Sackett

All rights reserved. No part of the material protected by this copyright notice may be reproduced or utilized in any form or by any means, electronic or mechanical, including photocopying, recording or by any informational storage and retrieval system without written permission from the copyright owner. Printed in the United States of America.

ISBN: 0-934526-00-1   82-90394

INTRODUCTION

A gnawing need brought this book into existence.

My creative writing students loved to write poetry as much as I, but were unable to use a regular rhyming dictionary. This was because such dictionaries provided too many adult-sized and overly-complex systems of rhyme patterns.

The result was that by the time some semblance of word-to-be-rhymed-with matching was available, the basic idea behind the rhyming scheme was often lost.

Discouraged, the young writers generally went on to something less exasperating. And usually less creative, as well.

Many of my adult poet friends expressed concern and frustration about their use of rhyming dictionaries, citing the same difficulties.

To remedy this situation, RHYME WITH EASE was compiled in an effort to make rhyming as simple and painless as possible. I reasoned: If I want to rhyme with a word like "bay", for example, why not create a format in which one could look up the word "bay" itself and find one or more easy-word options that would rhyme with it?

Further, why use the same long a sound (i.e., ay, ay, ay) over and over again when one simple ay could establish that sound throughout the appropriate part of the entry?

Of course, some may call this approach overly-simplistic; and perhaps it is.

But I can attest that it has been most helpful to my students and for the adult poets who have been very successful in its use.

It is hoped, too, that *RHYME WITH EASE* will be of benefit to songwriters; students learning the English language; deaf persons, in establishing sureties of pronunciation—even among letter combinations that seemingly would have few rhyming similarities (i.e. ache and break); speechwriters; publicists; and classroom teachers and students, as a springboard mechanism manual for studies in phonics.

About 3600 words were selected for inclusion in this book; and, of course, thousands more could have easily been sandwiched in. One may well be justified in asking, "Why wasn't such and such a word included, too?"

To those persons I suggest: If you don't find the word you're after, think of an easy word that rhymes with it, look it up, and you're in business again.

Rhyming should be fun; and it is my sincere wish that this compilation will help anyone, at almost any age . . . really, truly . . . rhyme with ease!

GRANTS PASS, OREGON   **ERNEST L. SACKETT**
JUNE, 1982

DIRECTIONS FOR USING THIS BOOK

1. Locate the entry word with which you wish to find words that rhyme.

2. Note that most entry words have a certain letter or letters underlined that establish basic sound patterns.

3. Blend the beginning consonants or syllables with the underlined sound patterns, in either one or in two syllable words. Thus:

    be (h,m,sh,w)   means: be (h = he, m = me, sh = she, w = we)
    bless (con·f)   means: bless (con·f = confess)
    blubber (r)   means: blubber (r = rubber)

4. Some phonetic words stand alone without blendings and are spelled differently from the others in the entry listing. Thus:

    booth (t; truth; youth)   means: booth (t = tooth; truth; youth)

5. A few words can be pronounced in two or more ways, such as "read" as in *reed* or as *red*, depending on usage. A study of the surrounding list of words will help you in determining which pronunciation is intended.

6. Should the word you're looking for not be found among the nearly 3600 cross-indexed entries in this book, think of a simple word that does rhyme with it and begin your search anew.

able (c, en, f, st, t;
    label)
about (out-b, p, sc,
    sh, sn, st, tr;
    doubt)
above (d, gl, l, sh;
    of)
accept (ex·c, k, sl,
    sw, w)
account (count-m)
accounts (a·m, c, m;
    ounce-b, p, pro·n)
ace (br, dis·gr, f, l,
    p, pl. r, tr; base-
    c, ch, e·r, v)
ache (bake-br, c, dr,
    f, fl, l, m, qu, r,
    s, sh, sn, st, t, w;
    break-st)
achieve (be·l, gr, re·l,
    re·tr; conceive-de,
    re; we've)
achiever (be·l, re·tr;
    deceiver-re; fever)
acquaint (f, p, qu, s)
acre (baker-f, m, sh,
    t; breaker)
across (b, cr, l, m, t)
act (f, p, t; attacked-
    cr, l, s, sm, st, t,
    tr)
activity (cap)
actor (tr)
ad (b, c, d, f, gl, h,
    l, m, p, s; add)
add (ad-b, c, d, f, gl,
    h, l, m, p, s)
ade (bl, f, gr, pa·r,
    sh, sp, tr, w; aid-
    a·fr, br, l, m, p, r;
    betrayed-de·c, pl,
    pr, st, str; neighed-
    w; obeyed)
adopt (chopped-dr, fl,
    pl, st, t; swapped)
adult (in·s, re·s)
advice (ice-d, l, m, n,
    pr, r, sl, sp, tw, v)
afraid (aid-br, l, m, p,
    r; ade-bl, f, gr,
    pa·r, sh, sp, tr, w;
    betrayed-de·c, pl,
    pr, st, str; neighed-
    w; obeyed)
after (laughter)
again (den-h, m, p, t,
    th, wh, wr)
against (fenced; sensed)
age (c, p, r, st, w;
    gauge)
agreed (bl, br, d, ex·c,
    f, fr, gr, in·d, n,
    pro·c, s, sp, suc·c,
    w; bead-kn, l, pl,
    r; he'd-sh, w)
ahead (br, d, h, in·st,
    l, r, spr, thr, tr;
    bed-bl, f, fl, l, r,
    sh, shr, sl, sp, w;
    said)
aid (a·fr, br, l, m, p,
    r; ade-bl, f , gr,
    pa·r, sh, sp, tr, w;
    betrayed-de·c, pl,
    pr, st, str; neighed-
    w; obeyed)
ail (f, h, j, m, n, p,
    qu, r, s, sn, t, tr;
    bale-g, m, p, s, sc,
    st, t, wh; Braille;
    they'll; veil)
air (ch, f, h, p; bare-
    c, d, f, fl, gl, h,
    m, r, sc, sh, sp,
    squ, st; pear-sw,
    t, w; prayer; their;

5

there-wh)
aisle (isle; file-m, p, sm, t, wh; style)
alarm (arm-ch, f, h)
alas (g; brass-cl, gr, l, m, p, s)
all (b, c, f, h, m, sm, st, t, w; crawl-spr; haul)
alley (g, v; dally-r)
allow (ow-b, br, c, ch, h, n, pl, s, v, w)
allowed (b, pl, v; cloud-l, pr)
along (be·l, g, l, s, str, wr)
already (ready-st)
am (cl, h, j, pro·gr, r, scr, sl, sw; lamb)
amaze (d, gl, gr, h; bays-d, p, pl, pr, r, spr, st, str, tr, w; neighs-sl, w; obeys; phrase; praise-r)
among (flung-h, l, s, st, str, wr; tongue; young)
amount (ac·c, c, m)
amounts (ac·c, c, m; ounce-b, p, pro·n)
ample (ex, s, tr)
an (b, be·g, c, f, m, p, pl, r, t, th, v)
and (b, br, com·m, de·m, ex·p, h, l, s, st; canned-f, m, pl, sc, t)
anger (hangar)
angle (d, sp, str, t, tri, wr)
annoy (b, bu, de·str, em·pl, j, t)
annoyed (em·pl, en·j; avoid)
annoys (b, bu, de·str, em·pl, j, t; noise-p)
another (other-br, m, sm)
answer (cancer-d)
ant (ch, gr, p, pl, sc, sl; aunt; can't)
antic (fr, gi·g, ro·m)
antique (u·n; beak-cr, fr, l, p, sn, sp, squ, str, w; cheek-cr, p, s, w)
ants (p, pl, sl; aunts; chance-d, ro·m, tr; expanse)
any (m; penny)
apart (art-c, ch, d, p, sm, st, t; heart)
ape (c, dr, es·c, gr, scr, sh, t; crepe)
apparel (barrel; carol)
appear (ear-cl, d, g, h, n, r, sm, sp, t, y; cheer-d, j, p, qu, sn, st; here-m; pier; we're)
appeared (cl, f, n, r, sm; beard; cheered-p, sn, st; weird)
applaud (broad; gnawed; cod-G, n, p, r, s, tr; squad-w)
apple (chapel)
arch (m, st)
are (bar-c, f, gui·t, m, p, sc, st, t)
ark (b, d, em·b, l, m, p, re·m, sh, sp)
arm (a·l, ch, f, h)
armadillo (pillow-w)
arrival (r, sur·v)

ar**rive** (d, dr, f, h,
 j, str, sur·v; I've)
arrow (b, n, sp)
art (a·p, c, ch, d,
 p, sm, st, t; heart)
arti**ficial** (of)
ash (c, cl, cr, d, fl,
 h, m, sm, spl, thr,
 tr; mustache)
ask (m, t)
at (b, br, c, ch, f,
 gn, h, m, p, r, s,
 sc, sp, th)
ate (cr, cre, d, f, g,
 l, m, pl, r, sk, sl,
 st; b**ait**-str, tr, w;
 great; straight)
athlete (b**eet**-f, fl,
 gr, m, **sh**, sl, str;
 eat-b, ch, h, m,
 n, tr, wh; receipt;
 suite)
a**tom**ic (c)
at**tach** (b**atch**-c, h, l,
 m, p, scr, sn)
at**tack** (b, bl, cr, kn,
 l, p, qu, r, s, sh,
 sl, sm, sn, st, t,
 tr; kay**ak**-ko·d)
at**tacked** (cr, l, s, sm,
 t, tr; **act**-f, p, t)
at**tempt** (dreamt)
at**tend** (**end**-b, bl, de·p,
 fri, **in·t**, l, m, of·f,
 pre·t, s, sp)
at**tention** con·v, in·t,
 in·v, m, pre·v;
 pe**nsion**-t)
at**tic** (sta)
aunt (**ant**-ch, gr, p,
 pl, sc, sl; can't)
aunts (**ants**-p, pl, sl;
 cha**nce**-d, ro·m, tr;
 expanse)

a**void** (ann**oyed**-em·pl,
 en·j)
a**way** (b, br, cl, d, g,
 gr, h, j, m, p, pl,
 pr, r, s, sl, spr,
 st, str, sw, tr, w;
 gr**ey**-o·b, pr, th;
 nei**gh**-sl, w)
awe (cl**aw**-dr, fl, gn,
 j, l, p, r, s, squ,
 str, th)
ax (t; att**acks**-b, bl,
 cr, j, l, qu, p, r,
 s, sl, sm, sn, st,
 t, tr; axe; kay**aks**-
 ko·d)
axe (att**acks**-b, bl, cr,
 j, l, p, qu, r, s,
 sl, sm, sn, st, t,
 tr; **ax**-t; kay**aks**-
 ko·d)

back (at·t, bl, cr, kn,
 l, p, qu, r, s, sh,
 sl, sm, sn, st, t,
 tr; kay**ak**-ko·d)
backs (at·t, bl, cr, j,
 l, p, qu, r, s, sh,
 sl, sm, sn, st, t,
 tr; **ax**-t; axe;
 kay**aks**-ko·d)
bad (**ad**- d, f, gl,
 h, l. m, p, s; add)
bag (br, dr, fl, g, l,
 n, r, s, sn, t, w)
bait (str, tr, w; **ate**-
 cr, cre, d, f, g,
 l, m, pl, r, sk, sl,
 st; **eight**-fr, w;
 great; straight)
bake (br, c, dr, f, fl,
 l, m, qu, r, s, sh,
 sn, st, t, w; ache;

7

break-st)
baker (f, m, sh, t;
   acre; breaker)
bald (sc; called-st;
   crawled-spr;
   hauled)
bale (g, m, p, s, sc,
   st, t, wh; ail-f, h,
   m, n, p, qu, r, s,
   sn, t, tr; Braille;
   they'll; veil)
balk (ch, st, t, w;
   hawk-squ)
balky (squawky; talkie-
   w)
ball (all-c, f, h, m,
   sm, st, t, w; crawl-
   spr; haul)
ballad (salad; valid)
balloon (car·t; c, coc·c,
   m, n, rac·c, s, sp;
   June-pr, t)
ban (an-be·g, c, f, m,
   p, pl, r, t, th, v)
band (and-br, com·m,
   de·m, ex·p, h, l,
   s, st; canned-f, m,
   pl, sc, t)
bang (cl, g, mus·t, r,
   s, sl)
bank (bl, cr, dr, fr,
   pl, pr, r, s, sp, t,
   th)
banner (m, pl, t)
bar (c, f, gui·t, m, p,
   sc, st, t; are)
barber (harbor)
bare (c, d, f, fl, gl,
   h, m, r, sc, sh, sp,
   squ, st; air-ch, f,
   h, p; pear-sw, t,
   w; prayer; their;
   there-wh)

barge (ch, l)
bark (ark-d, em·b, l,
   m, p, re·m, sh, sp)
barn (d, y)
barred (j, sc; card-gu,
   h, l, re·g, y)
barrel (apparel; carol)
barrier (c; merrier-t)
barrow (arrow-n, sp)
barter (ch, sm, st;
   martyr)
base (c, ch, e·r, v;
   ace-br, dis·gr, f, l,
   p, pl, r, tr)
basis (o)
basket (c, g)
bat (at-br, c, ch, f,
   gn, h, m, p, r, s,
   sc, sp, th)
batch (c, h, l, m, p,
   scr, sn; attach)
batter (ch, cl, f, fl,
   m, sc, sh, spl, t)
battery (fl)
battle (c, r, t)
bay (a·w, br, cl, d,
   g, gr, h, j, m, p,
   pl, pr, r, s, sl,
   spr, st, str, sw,
   tr, w: grey-o·b, pr,
   th; neigh-sl, w)
bays (d, p, pl, pr, r,
   spr, st, tr, w;
   amaze-d, g, gl, h;
   neighs-sl, w; obeys;
   phrase; praise-r)
be (h, m, sh, w; bee-
   de·gr, f, fl, fr, gl,
   kn, s, thr, tr; flea-
   p, pl, s, t; key;
   ski)
beach (each-bl, p, pr,
   r, t; screech-sp)

beacon (weaken)
bead (kn, l, pl, r;
  agreed-bl, gr,
  d, ex·c, f, fr)
beadle (needle)
beagle (eagle; legal)
beak (cr, fr, l, p,
  sn, sp, squ, str,
  w; cheek-cr, p, s,
  w; antique-u·n)
beam (cr, dr, gl, s,
  scr, st, str, t;
  extreme-sch, su·pr,
  th; seem)
bean (cl, l, m; caffeine;
  green-k, qu, s, scr,
  t; machine-ma·r,
  rou·t, sar·d; scene)
beard (appeared-cl, f,
  n, r, sm, sp;
  cheered-p, sn, st;
  weird)
beat (eat-ch, h, m, n,
  tr, wh; athlete;
  beet- f, fl, gr, m,
  sh, sl, str; receipt;
  suite)
beaten (sweeten)
beauty (cutie; duty;
  fruity)
bed (bl, f, fl, l, r, sh,
  shr, sl, sp, w;
  ahead-br, d, h,
  in·st, l, r, spr, thr,
  tr; said)
bee (de·gr, f, fl, fr, gl,
  kn, s, thr, tr; be-
  h, m, sh, w; flea-
  p, pl, s, t; key;
  ski)
beef (r; belief-br, ch,
  gr, re·l, th; leaf)
bees (f, kn, tr; breeze-
  fr, sn, squ; cheese;
  ease-pl, t; fleas-
  p, pl; he's- sh;
  seize; skis; trapeze)
beet (f, fl, gr, m, sh,
  sl, str; athlete; eat-
  b, ch, h, m, n, tr,
  wh; receipt; suite)
beg (l, p; egg)
began (an-b, c, f, m,
  p, pl, r, t, th, v)
behalf (c, h; giraffe;
  graph; laugh; staff)
behave (br, c, g, gr,
  p, r, s, sh, sl, w;
  they've)
behavior (s)
belief (br, ch, gr, re·l,
  th; beef-r; leaf)
believe (a·ch, gr; re·l,
  re·tr; conceive-de,
  re; we've)
believer (a·ch, re·tr;
  deceiver-re; fever)
bell (c, d, dw, f, s,
  sh, sm, sp, sw, t,
  w; belle-ga·z; expel-
  ho·t, re·b)
belle (ga·z; bell-c, d,
  dw, f, s, sh, sm,
  sp, sw, t, w; expel-
  ho·t, re·b)
belly (j, sm)
belong (a·l, g. l, s,
  str, wr)
belt (dw, f, kn, m)
bench (cl, dr, qu, tr,
  wr)
bend (end- at·t, bl,
  de·p, fri, in·t, l,
  m, of·f, pre·t, s,
  sp)
beneath (wr; teeth)

bent (c, d, r, s, sc, sp, t, w; meant)
berry (ch, f, m; bury; stationery-v)
best (ch, gu, n, p, r, re·qu, sug·g, t, v, w: blessed- gu, pr; breast)
bet (du, for·g, fr, g, j, l, m, n, p, s, v, w, y: debt; sweat-thr)
betrayed (de·c, pl, pr, str; ade-bl, gr, pa·r, sh, sp, tr, w; aid- a·fr, br, l, m, p, r; neighed- w; obeyed)
better (l; sweater)
beyond (f, p; blonde; wand)
Bible (tribal)
bicycle (cycle-tri; icicle)
bid (d, h, k, l, r, sk, sl, squ)
big (d, f, j, p, r. tw, w)
bigger (d, tr)
bike (d, h, l, m, sp, str, t, tr)
bill (ill- ch, d, dr, f, g, h, k, m, p, qu, s, shr, sk, sp, st, t, thr, w; kiln)
billion (m, tr)
bin (in- ch, gr, k, p, s, sh, sk, t, th, tw, w; inn)
bind (bl, f, gr, m, r, w; dined- l, m, wh; signed)

birch (church- l; perch; search)
bird (th; blurred- oc·c; heard; herd; word)
bit (it- f, fl, gr, h, k, kn, l, p, qu, s, sl, sp, spl, w; mitt)
bite (k, m, qu, wh, wr; bright- f, fl, fr, kn, l, m, n, r, s, sl, t; height)
bits (its- f, gr, h, k, kn, p, qu, s, sl, sp, spl, w; it's; mitts)
bitten (k, m, wr)
bitter (cr, gl, h, kn, l, qu, s, tw)
blab (c, cr, d, dr, gr, j, l, n, sc, sl, st)
black (at·t, b, cr, kn, l, p, qu, r, s, sh, sl, sm, sn, st, t, tr; kayak- ko·d)
blacken (sl)
blacks (at·t, b, cr, j, l, qu, r, s, sh, sl, sm, sn, st, t, tr; ax- t; axe; kayaks- ko·d)
blade (ade- f, gr, m, pa·r, sh, sp, tr, w; aid- a·fr, br, l, m, p, r; betrayed- de·c, pl, pr, st, str; neighed- w; obeyed)
blank (b, cr, dr, fr, pl, pr, r, s, sp, t, th)
blast (c, f, l, m, p, v; passed)
blazer (laser; razor)
bleach (each- b, p, pr,

r, t; screech-sp)
bleacher (pr, t;
 creature-f)
bleary (sm, t, w;
 cheery; dearie;
 errie)
bled (b, f, fl, l, r,
 sh, shr, sl, sp,
 w; ahead-br, d,
 h, in·st, l, r,
 spr, thr, tr; said)
bleed (a·gr, br, d,
 ex·c, f, fr, gr,
 in·d, n, pro·c, s,
 sp, suc·c, w; bead-
 kn, l, pl, r; he'd-
 sh, w)
bleeder (br, f, w;
 cedar; leader-r)
blend (end-at·t, b,
 de·p, fri, in·t, l,
 m, of·f, pre·t, s,
 sp)
blender (f, l, m, sl,
 sp, sur·r, sus·p,
 t; splendor)
bless (ch, con·f, dr,
 gu, l, m, pr, str,
 suc·c; yes)
blessed (gu, pr; best-
 ch, gu, n, p, r,
 re·qu, sug·g, t, v,
 w; breast)
blew (ch, cr, d, dr, f,
 gl, gr, kn, n, st,
 thr, vi; vlue-c, cl,
 gl, s, tr; canoe-sh;
 do-t, wh; ewe;
 igloo-t, z; you)
blimp (imp-l, shr, sk)
blimps (imps-l, shr,
 sk; glimpse)
blind (b, f, gr, k, m,
r, w; dined-l, m,
 wh; signed)
blink (ink-br, dr, k,
 l, m, p, r, s, shr,
 st, th, w)
blinked (l, w; extinct)
blister (m, s, tw)
blizzard (g; lizard-w)
blob (b, g, gl, kn,
 m, r, s, sl, sn,
 thr)
block (c, cl, d, fl,
 kn, l, r, s, sh,
 st)
blocks (c, cl, d, fl,
 kn, l, r, s, sh, st;
 ox-b, f)
blonde (beyond-f, p;
 wand)
blood (fl; bud-c, d, m)
bloody (buddy-m; study)
bloom (b, br, d, gr,
 r; fume-pl; tomb;
 whom)
blot (c, d, g, h, j,
 kn, l, n, p, pl, r,
 sh, sp, tr; squat-
 sw; watt)
blouse (gr, h, l, m,
 sp)
blow (b, cr, fl, gl, gr,
 kn, l, m, r, sl, sn,
 thr; doe-h, t;
 dough-th; go-n, s;
 oh; owe; sew)
blown (own-fl, gr, sh,
 thr; bone-c, l, ph,
 st, t, thr, z;
 groan-l, m; sewn)
blubber (r)
blue (c, cl, gl, s, tr;
 blew-ch, cr, d, dr,
 f, fl, gr, kn, n,

st, thr, vi; can<u>oe</u>-sh; d<u>o</u>-t, wh; <u>ew</u>e; igl<u>oo</u>-t, z; <u>you</u>)
bl<u>uff</u> (c, fl, gr, p, sc, sn, st; en<u>ough</u>-r, t)
bluffer (r<u>ough</u>er-t)
blunder (<u>under</u>-pl, th; w<u>onder</u>)
bl<u>unt</u> (b, gr, h, p, r, st; fr<u>ont</u>)
bl<u>ur</u> (c, f; conf<u>er</u>-h, p, pre·f, re·f; f<u>ir</u>s, st; p<u>urr</u>)
blurred (oc·c; b<u>ird</u>-th; h<u>eard</u>; h<u>erd</u>; w<u>ord</u>)
bl<u>urt</u> (h, sp; des<u>ert</u>-des·s, ex·p; d<u>irt</u>-fl, sh, sk, sq<u>u</u>)
bl<u>ush</u> (br, cr, fl, h, m, r)
boar (<u>oar</u>-r, s; d<u>oor</u>-fl; o'er; <u>or</u>-n; <u>ore</u>-b, ch, ex·pl, s, sc, sh, sn, st, sw, t, w; p<u>our</u>; w<u>ar</u>)
board (h; b<u>ored</u>-sc, sn, st; h<u>orde</u>; l<u>ord</u>-sw; r<u>oared</u>)
b<u>oast</u> (c, r, t; gh<u>ost</u>-h, m, p)
boaster (c, t; p<u>oster</u>)
b<u>oat</u> (c, fl, g, thr; n<u>ote</u>-pro·m, qu, v, wr)
bob (bl, g, fl, j, kn, m, r, s, sl, sn, thr)
bobbin (r<u>obin</u>)
body (sh<u>oddy</u>)
b<u>og</u> (d, f, fr, h, j, l)
b<u>oil</u> (<u>oil</u>-c, f, s, sp, t)
bold (<u>old</u>-c, f, g, h, m, s, sc, t; b<u>owled</u>; str<u>olled</u>)
bolder (<u>older</u>-c, sm; sh<u>oulder</u>)
bomb (c<u>alm</u>-ps; m<u>om</u>)
bone (c, l, ph, st, t, thr, z; gr<u>oan</u>-l, m; <u>own</u>-bl, fl, <u>gr</u>, sh, thr; s<u>ewn</u>)
boner (<u>owner</u>)
bonnet (s)
b<u>ony</u> (p, st)
book (br, c, cr, h, l, sh, t)
boost (r; l<u>oosed</u>; pr<u>o</u>duced-re·d)
booster (r)
b<u>oot</u> (h, l, r, sc, sh, sn, t; br<u>ute</u>-ch, fl, m; fr<u>uit</u>-s; r<u>oute</u>)
booth (t; tr<u>uth</u>; y<u>outh</u>)
border (<u>order</u>-re·c)
bore (<u>ore</u>-ch, ex·pl, m, s, sc, sh, sn, st, sw, t, w; d<u>oor</u>-fl; <u>oar</u>-b, r, s; o'er; p<u>our</u>; w<u>ar</u>)
bored (sc, sn, st; b<u>oard</u>-h; h<u>orde</u>; l<u>ord</u>-sw; r<u>oared</u>)
born (c, h, sc, th, w)
borrow (s, to·m)
boss (a·cr, cr, l, m, t)
bossy (m; p<u>osse</u>)
b<u>oth</u> (gr<u>owth</u>; <u>oath</u>)
bought (<u>ought</u>-br, f, s, th; c<u>aught</u>-t)
bounce (<u>ounce</u>-p, pro·n; am<u>ounts</u>)
bound (f, gr, h, m, p, r, s, w; cl<u>owned</u>)
bout (<u>out</u>-a·b, p, sc, sh, sn, st, tr; d<u>oubt</u>)

bow (bl, cr, fl, gl, gr,
kn, l, m, r, sl, sn,
thr; do͞e-h, t; dough-
th; go͞-n, s; oh; owe;
sew)
bow (o͞w-al·l, br, c, ch,
h, n, pl, s, v, w)
bowl (co͞al-g; control;
ho͞le-p, r, st, wh;
ro͞ll-str, tr; soul)
bowled (o͞ld-b, c, f, g,
h, m, s, sc, t;
strolled)
box (o͞x-f; blocks-c, cl,
d, fl, kn, l, r, s,
sh)
boy (an·n, bu, de·str,
em·pl, j, t)
boys (an·n, bu, de·str,
em·pl, j, t; no͞ise-
p)
brace (a͞ce-dis·gr, f, l,
p, pl, r, tr; ba͞se-
c, ch, e·r, v)
bracket (j, p, r)
brag (b, dr, fl, g, l,
n, r, s, sn, t, w)
braid (a͞id-a·f, l, m, p,
r; a͞de-bl, f, gr,
pa·r, sh, sp, tr,
w; beta͞yed-de·c, pl,
st, str; ne͞ighed-w;
obeyed)
Braille (a͞il-f, h, m, p,
qu, r, s, sn, t;
ba͞le-g, m, p, s, st,
t, wh; they'll; veil)
brain (ch, dr, g, gr,
l, m, p, pl, r, re·m,
sl, spr, st, str, tr,
v; ca͞ne-cr, l, m,
pl, s, w; reign;
re͞in-v)

brake (b, c, dr, f, fl,
l, m, qu, r, s, sh,
sn, st, t, w; ache;
brea͞k-st
branch (r)
brand (a͞nd-b, com·m,
de·m, ex·p, h, l,
s, st; ca͞nned-f, m,
pl, sc, t)
brass (cl, gr, l, m, p,
s; alas-g)
brat (at-b, c, ch, f,
gn, h, m, p, r, s,
sc, sp, th)
brave (be·h, c, g, gr,
p, r, s, sh, sl, w;
they've)
braver (s, sh, sl; favor-
fl)
bravery (sl)
bray (a·w, b, cl, d, g,
gr, h, j, m, p, pl,
pr, r, s, sl, spr,
st, str, sw, tr, w;
grey-o·b, pr, th;
ne͞igh-sl, w)
bread (a·h, d, h, in·st,
l, r, spr, thr, tr;
bed-bl, f, fl, l, r,
sh, shr, sl, sp, w;
said)
break (st; ache; ba͞ke-
br, c, dr, f, fl, l,
m, qu, r, s, sh, sn,
st, t, w)
breaker (ba͞ker-f, m,
sh, t; a͞cre)
breast (best-ch, gu, n,
p, r, re·qu, sug·g,
t, v, w; blessed-gu,
pr)
breath (d)
breed (a·gr, bl, d,

ex·c, f, fr, gr, in·d, n, pro·c, s, sp, suc·c, w; bead-kn, l, pl, r; he'd-sh, w)
breeder (bl, f, w; cedar; leader-r)
breeze (fr, sn, squ; bees-f, kn, tr; cheese; ease-pl, t; fleas-p, pl; he's-sh; seize; skis; trapeze)
bribe (tr)
brick (ch, cl, k, l, p, qu, s, sl, st, t, th, tr, w)
bricks (ch, k, l, n, p, st, t, tr, w; fix-m, s)
bridal (idle-br; idol)
bride (gl, gu, h, pr, s, sl, str, t, w; cried-d, dr, l, sp, t, tr; I'd)
bridge (r)
bridle (idle; bridal; idol)
brief (be·l, ch, gr, re·l, th; beef-r; leaf)
bright (f, fl, fr, kn, l, m, n, r, s, sl, t; bite-k, m, qu, wh, wr; height)
brighter (f, l, t; writer)
bring (cl, fl, k, r, s, spr, st, str, sw, th, w)
brink (ink-bl, dr, k, l, m, p, r, s, shr, st, th, w)
bristle (gr, th, wh; missile)
brittle (l, wh)
broad (applaud; gnawed;
cod-G, n, p, r, s, tr; squad-w)
broke (j, sm, sp, str, y; oak-cl, cr, s; folk)
broken (sp, t)
bronze (coupons; swans)
brook (b, c, cr, h, l, sh, t)
broom (b, bl, d, gr, r; fume-pl; tomb; whom)
broth (cl, m)
brother (other-an, m, sm)
brought (ought-b, f, s, th; caught-t)
brow (ow-al·l, b, c, ch, h, n, pl, s, v, w)
brown (cl, cr, d, dr, fr, g, t; noun)
bruise (cr; canoes-sh; choose; dues-gl; lose; news-p, vi; ooze-sn; twos) use-f; who's; whose; zoos)
brush (bl, cr, fl, h, m, r)
brute (ch, fl, m; boot-h, l, r, sc, sh, sn, t; fruit-s; route)
bubble (r, st; double-tr)
buck (cl, d, l, s, st, str, tr)
bucked (d, pl, t; con-duct-in·str)
buckle (ch, kn)
bucks (cl, d, s, tr)
bud (c, d, m; blood-fl)
buddy (m; bloody; study)
bug (d, dr, h, j, l, m,

pl, r, shr, sl, sm, sn, t)
build (chilled-dr, f, k, sk, sp, thr)
bull (f, p; wool)
bum (ch, dr, g, h, m, pl, s; come-s; crumb-d, n, pl, th)
bumble (cr, f, gr, h, j, m, r, st, t)
bump (ch, d, h, j, l, p, pl, sl, st, th)
bumpy (gr, j, l)
bun (f, g, n, p, r, s, sp; one-d; son-t, w)
bunch (cr, h, l, m, p)
bungle (j)
bunk (ch, dr, fl, j, pl, s, sk, sp, tr)
bunny (f, s; honey-m; sonny)
bunt (bl, gr, h, p, r, st; front)
bunting (gr, h, p)
buoy (an·n, b, des·tr, em·pl, j, t)
buoys (an·n, b, des·tr, em·pl, j, t; noise-p)
burn (ch, t; earn-l, y)
burst (first-th; nursed; worst)
bury (berry-ch, f, m; stationery-v)
bus (us-pl, th; cuss-f, m)
bust (cr, d, dis·g, j, m, r, thr, tr)
busy (dizzy)
but (c, h, n, r, sh, str)
butter (utter-cl, fl, g, sh, sp, st)

button (gl, m)
buy (g; by-cr, fl, fr, m, pr, sh, sk, sl, sp, spr, tr, wh; die-l, p, t; dye-e, l, r; high-s, th)
buyer (fr, spr; choir; desire-f, m, re·qu, t, um·p, vam·p, w; higher; liar)
buys (g; cries-d, de·n, dr, fl, l, p, sk, sp, t, tr; eyes; prize-s; rise-w; sighs; whys)
buzz (f; does; was)
by (cr, fl, fr, m, pr, sh, sk, sl, sp, spr, tr, wh; buy-g; die-l, p, t; dye-e, l, r; high-s, th)

cab (bl, cr, d, dr, gr, j, l, n, sc, sl, st)
cable (able-en, f, st, t; label)
caboose (g, l, m, n; juice; spruce-tr; use)
cackle (cr, t; jackal)
cad (ad-b, d, f, gl, h, l, m, p, s; add)
caffeine (bean-cl, l, m; green-k, qu, s, scr, t; machine-ma·r, rou·t, sar·d; scene)
cage (age-p, r, st, w; gauge)
cake (b, br, dr, f, fl, l, m, qu, r, s, sh, sn, st, t, w; ache; break-st)
calf (be·h, h; giraffe; graph; laugh; staff)
call (all-b, c, f, h, m,

sm, st, t, w; crawl-
spr; haul)
called (st; bald-sc;
crawled-spr; hauled)
callous (palace)
calm (ps; bomb; mom)
camel (mammal)
camp (ch, cl, cr, d, l,
r, sc, st, tr)
camper (d, h, p, sc,
st, t)
can (an-b, be·g, f, m,
p, pl, r, t, th, v)
canal (cor·r, g, p;
shall)
canary (li·br, sc, v;
carry-m; dairy-f, h;
prairie)
cancer (d; answer)
candle (h; sandal-sc)
candy (d, h, s)
cane (cr, l, m, pl, s,
w; brain-ch, dr, g,
gr, m, l, p, pl, r,
re·m, sl, spr, st,
str, tr, v; reign;
rein-v)
canned (f, m, pl, sc,
t; and-b, br, com·m,
de·m, ex·p, h, l, s,
st)
canoe (sh; blew-ch, cr,
d, dr, f, fl, gr,
kn, n, st, thr, vi;
blue-c, d, gl, s, tr;
do-t, wh; ewe; igloo-
t, z; you)
canoes (sh; bruise-cr;
choose; dues-gl;
lose; news-p, vi;
ooze-sn; twos; use-
f; who's; whose;
zoos)

can't (ant-ch, gr, p, pl,
sc, sl; aunt)
canyon (companion)
cap (ch, cl, fl, g, l, m,
n, s, scr, sl, sn,
str, t, tr, wr)
cape (ape-dr, es·c, gr,
scr, sh, t; crepe)
caps (ch, cl, fl, l, m,
n, s, scr, sl, sn,
str, t, tr, wr;
collapse)
captivity (ac)
captor (chapter)
car (b, f, gui·t, m, p,
sc, st, t; are)
card (gu, h, l, re·g, y;
barred-j, sc)
care (b, d, f, fl, gl, h,
m, r, sc, sh, sp,
squ, st; air-ch, fl,
h, p; pear-sw, t, w;
prayer; their; there-
wh)
carol (apparel; barrel)
carp (h, sh, t)
carriage (m)
carrier (b; merrier-t)
carrot (p)
carry (m; canary-li·br,
sc, v; dairy-f, h;
prairie)
cart (art-a·p, ch, d, p,
sm, st, t; heart)
cartoon (bal·l, co·c, m,
n, rac·c, s, sp;
prune-t)
carve (st)
case (b, ch, e·r, v; ace-
br, dis·gr, f, l, p,
pl, r, tr)
cash (ash-cl, cr, d, fl,

h, m, sm, spl, thr,
tr; mustache)
casket (b, g)
cast (bl, f, l, m, p,
v; passed)
castle (vassal)
cat (at-b, br, ch, f,
gn, h, m, p, r, s,
sc, sp, th)
catch (at·t, b, h, l,
m, p, scr, sn)
caterpillar (driller-k,
thr)
cattle (b, r, t)
caught (t; ought-b,
br, f, s, th)
cause (cl, p; claws-dr,
fl, gn, j, l, p, s,
squ, str, th; gauze)
cave (be·h, br, g, gr,
p, r, s, sh, sl, w;
they've)
cavity (gr)
cease (cr, gr, l;
fleece; geese; niece-
p; peace; police)
cedar (bleeder-br, f,
w; leader-r)
cell (b, d, dw, f, s,
sh, sm, sp, sw, t,
w, y; belle-ga·z;
expel-ho·t, re·b)
cellar (dweller-pro·p,
s, sp, t)
cello (h, j; fellow-y)
cent (b, d, r, s, sc,
sp, t, w; meant)
center (enter-r; in-
ventor)
cents (d, r, sc, t;
dense-ex·p, im·m,
in·t, s, sus·p, t;
fence-h)

cereal (material-s)
certain (curtain)
chain (br, dr, g, gr,
l, m, p, pl, r, re·m,
sl, spr, st, str, tr,
v; cane-cr, l, m,
pl, s, w; reign;
rein-v)
chair (air-f, h, p;
bare-c, d, f, fl, gl,
h, m, r, sc, sh,
sp, squ, st; pear-
sw, t, w; prayer;
their; there-wh)
chalk (b, st, t, w;
hawk-squ)
champ (c, cl, cr, d, l,
r, sc, st, tr)
chance (d, ro·m, tr;
ants-p, pl, sl;
aunts; expanse)
chancy (f)
change (r, str)
channel (fl; panel)
chant (ant-gr, p, pl,
sc, sl; aunt; can't)
chap (c, cl, fl, g, l,
m, n, s, scr, sl,
sn, str, t, tr, wr)
chapel (apple)
chaps (c, cl, fl, l, m,
n, s, scr, sl, sn,
str, t, tr, wr;
collapse)
chapter (captor)
charge (b, l)
charm (arm-a·l, f, h)
chart (art-a·p, c, d,
p, sm, st, t; heart)
charter (b, sm, st;
martyr)
chase (b, c, e·r, v;
ace-br, dis·gr, f,

chased (e·r, dis·gr; haste-p, t, w)
chat (at-b, br, c, f, gn, h, m, p, r, s, sc, sp, th)
chatter (b, cl, f, fl, m, sc, sh, spl, t)
cheap (h, l, r; cheep- cr, d, j, k, p, s, sh, sl, st, sw, w)
cheat (eat-b, h, m, n, tr, wh; athlete; beet-f, fl, gr, m, sh, sl, str; receipt; suite)
cheater (eater-h, re·p; sweeter)
check (d, fl, n, p, sp, wr)
checked (fl, p, wr)
checks (d, fl, n, p, sp, wr; flex)
cheddar (redder; spreader-thr)
cheek (cr, p, s, w; antique-u·n; beak- cr, fr, l, p, sn, sp, squ, str, w)
cheep (cr, d, j, k, p, s, sh, sl, st, sw, w; cheap-h, l, r)
cheer (d, j, p, qu, sn, st; ear-ap·p, cl, d, f, g, h, n, r, sm, sp, t, y; here-m; pier; we're)
cheered (p, sn, st; appeared-cl, f, n, r, sm, sp; beard; weird)
cheery (bleary-sm, t, w; dearie; eerie)
cheese (bees-f, kn, tr; breeze-fr, sn, squ; ease-pl, t; fleas-p, pl; he's-sh; seize; skis; trapeze)
cheesy (easy; sneezy)
cherry (b, f, m; bury; stationery-v)
chess (bl, con·f, dr, gu, l, m, pr, str, suc·c; yes)
chest (b, qu, n, p, r, re·qu, sug·g, t, v, w; blessed-gu, pr; breast)
chew (bl, cr, d, dr, f, fl, gr, kn, n, st, thr, v; blue-c, cl, gl, s, tr; canoe-sh; do-t, wh; ewe; igloo-t, z; you)
chewed (st; crude-r; food-m; glued-s; shrewd)
chick (br, cl, k, l, p, qu, s, sl, st, t, th, tr, w)
chicken (s, str, th)
chicks (br, k, l, n, p, st, t, tr, w; fix-m, s)
chief (be·l, br, gr, re·l, th; beef-r; leaf)
child (m, w; filed-p, sm)
chili (chilly-f, h, s; lily)
chill (ill-b, d, dr, f, g, h, k, m, p, qu, s, shr, sk, sp, st,

t, thr, w; kiln)
chilled (dr, f, k, sk, sp, thr; build)
chilly (f, h, s; chili; lily)
chime (cr, d, gr, pr, sl, t; climb; I'm; rhyme)
chin (in-b, gr, k, p, s, sh, sk, t, th, tw, w; inn)
chinch (inch-p)
chip (cl, d, dr, e·qu, fl, gr, h, l, r, s, sh, sk, sn, str, t, tr, wh, z; gyp)
chirp (tw; slurp)
chisel (drizzle-f, s)
choice (re·j, v)
choir (buyer-fr, spr; desire-f, m, re·qu, t, um·p, vam·p, w; drier-fl; higher; liar)
choose (bruise-cr; canoes-sh; dues-gl; lose; news-p, vi; ooze-sn; use-f; who's; whose; zoos)
chop (c, cr, dr, fl, h, m, pl, sh, sl, st, t; swap)
chopped (dr, fl, pl, st, t; adopt; swapped)
choppy (fl, p, sl; copy)
chore (ore-b, ex·pl, m, s, sc, sh, sn, st, sw, t, w; door-fl; oar-b, r, s; o'er; or-n; pour;

war)
chose (cl, h, n, p, pr, r, th; clothes; crows-fl, gl, gr, kn, r, sh, sl, sn, thr; does(deer)-t; doze-fr; owes; sews)
chow (al·l, b, br, c, h, n, pl, s, v, w)
chowder (p; louder-pr)
chubby (gr, h, t)
chuckle (b, kn)
chum (b, dr, g, h, m, pl, s; come-s; crumb-d, n, pl, th)
chump (b, d, h, j, l, p, pl, sl, st, th)
chunk (b, dr, fl, j, pl, s, sk, sp, tr)
church (l; birch; perch; search)
churn (b, t; earn-l, y)
chute (br, fl; boot-h, l, r, s, sc, sh, sn, t; fruit-s; route)
cider (r, sp, w)
city (p; ditty-k, w; pretty)
clam (am-h, j, r, pro·gr, scr, sl, sw; lamb)
clamor (glamour; grammar; hammer-st)
clamp (ch, cr, d, l, r, sc, st, tr)
clang (b, g, mus·t, r, s, sl)
clap (c, ch, fl, g, l, m, n, s, scr, sl, sn, str, t, tr, wr)
claps (c, ch, fl, l, m, n, s, scr, sl, sn,

str, t, tr; collapse)
clash (<u>ash</u>-c, cr, d, fl, h, m, sm, spl, thr, tr; mustache)
clasp (gr)
class (br, l, m, p, s; <u>alas</u>-g)
clatter (b, ch, f, fl, m, sc, sh, spl, t)
clause (c, p; <u>claws</u>-dr, fl, gn, j, l, p, s, squ, str, th; gauze)
claw (dr, fl, gn, j, l, p, r, s, squ, str, th; awe)
claws (dr, fl, gn, j, l, p, s, squ, str, th; <u>cause</u>-cl, p; gauze)
clay (a·w, b, br, cl, d, g, gr, h, j, m, p, pl, pr, r, s, sl, spr, st, str, sw, tr, w; <u>grey</u>-o·b, pr, th; <u>neigh</u>-sl, w)
clean (b, l, m; caf-feine; <u>green</u>-k, qu, s, scr, t; machine-ma·r, rou·t, sar·d; scene)
cleanse (<u>dens</u>-h, l, p, t, wr; <u>men's</u>-wh)
clear (<u>ear</u>-ap·p, d, f, g, h, n, r, sm, sp, t, y; <u>cheer</u>-d, j, p, qu, sn, st; <u>here</u>-m; pier; we're)
cleared (ap·p, f, n, r, sm, sp; beard; <u>cheered</u>-p, sn, st; weird)
clench (b, dr, qu, tr, wr)
clerk (j, p; lurk; work)
clever (<u>ever</u>-for, l, n)
click (br, ch, k, l, p, qu, s, sl, st, t, th, tr, w)
clicked (k, l, n, p, tr; conflict-con·v, str)
client (<u>defiant</u>-g)
clients (defiance; giants; science)
cliff (j, sn, st, wh; if)
clime (ch, cr, d, gr, pr, sl, t; I'm; rhyme)
cling (br, fl, k, r, s, spr, st, str, sw, th, w)
clip (ch, d, dr, e·qu, fl, gr, h, l, r, s, sh, sk, sn, str, t, tr, wh, z; gyp)
cloak (<u>oak</u>-cr, s; <u>broke</u>-j, sm, sp, str, y; folk)
cloaks (<u>oaks</u>-cr, s; <u>coax</u>-h; folks; <u>jokes</u>-sm, str, y)
clock (bl, c, d, fl, kn, l, r, s, sh, st)
clocks (bl, c, d, fl, kn, l, r, s, sh; <u>ox</u>-b, f)
close (ch, h, n, p, pr, r, th; clothes; <u>crows</u>-fl, gl, gr, kn, r, sh, sl, sn, thr; does (deer)-t; <u>doze</u>-fr; owes; sews)
closer (grocer)
closet (deposit)
cloth (br, m)
clothes (<u>chose</u>-cl, h, n, p, pr, r, th; <u>crows</u>-

20

fl, gl, gr, kn, r, sh, sl, sn, thr;
does (deer)-t: doze-fr; owes; sews)
cloud (a·l, l, pr; allowed-b, pl, v)
cloudy (howdy-r)
clover (over-r)
clown (br, cr, d, dr, fr, g, t; noun)
club (c, fl, gr, r, s, scr, sn, st, t)
cluck (b, d, l, s, st, str, tr)
clucks (b, d, s, tr)
clue (bl, c, gl, s, tr; blew-ch, cr, d, dr, f, fl, gr, kn, st, thr, vi; canoe-sh; do-t, wh; ewe; igloo-t, z; you)
clutch (cr; much-s; touch)
clutter (utter-b, fl, g, sh, sp, st)
coal (g; bowl; control; hole-p, r, st, wh; roll-str, tr; soul)
coarse (h; course; divorce-f; horse; source)
coast (b, r, t; ghost-h, m, p)
coaster (b, t; poster)
coat (b, fl, g, thr; note-pro·m, qu, v, wr)
coax (h; folks; jokes-sm, str, y; oaks-cl, cr, s)
cobble (g, h, w; squabble)
cock (bl, cl, d, fl, kn, l, r, s, sh, st)

cocks (bl, cl, d, fl, kn, l, r, s, sh; ox-b, f)
cocky (r; hockey-j)
cocoon (bal·l, c, car·t, m, n, rac·c, s, sp; June-pr, t)
cod (G, n, p, r, tr; broad; gnawed; odd; squad-w)
code (l, r; hoed; load-r, t, owed-cr, fl, gl, m, r, s, sh, sl, sn, t; sewed)
coffin (often-s)
coil (oil-b, f, s, sp, t)
coin (j)
cold (old-b, f, g, h, m, s, sc, t; bowled; strolled)
colder (older-b, sm; shoulder)
collapse (caps-ch, cl, fl, l, m, n, s, scr, sl, sn, str, t, tr, wr)
collar (d; holler; scholar)
collect (con·n, cor·r, dir, e·l, ex·p, in·f, neg·l, ob·j, per·f, pro·j, pros·p, re·fl, re·sp, sel, sub·j)
collie (dolly-f, g, h, j)
colonel (eternal; journal; kernel)
colt (j, re·v)
comb (foam-r; home)
come (s; bum-ch, dr, g, h, m, pl, s; crumb-d, n, pl, th)
comic (at)
comma (m)

command (<u>and</u>-b, br,
  de·m, <u>ex</u>·p, h, l,
  s, st; <u>canned</u>-f,
  m, pl, <u>sc</u>, t)
companion (canyon)
conc<u>eive</u> (de, re;
  ach<u>ieve</u>-be·l, gr,
  re·l, re·tr; we've)
condemn (g<u>em</u>-h, st,
  th)
cond<u>uct</u> (in·str; b<u>ucked</u>
  -d, pl, t)
c<u>one</u> (b, l, ph, st, t,
  thr, z; gr<u>oan</u>-l;
  <u>own</u>-bl, fl, gr, sh,
  thr; sewn)
conf<u>er</u> (h, p, pre·f,
  re·f; bl<u>ur</u>-c, f;
  f<u>ir</u>-s, st; purr)
conf<u>ess</u> (bl, ch, dr,
  gu, l, m, pr, str,
  suc·c; yes)
confl<u>ict</u> (con·v, str;
  cl<u>icked</u>-k, l, n, p,
  tr)
conn<u>ect</u> (col·l, cor·r,
  dir, e·l, ex·p, in·f,
  neg·l, ob·j, per·f,
  pro·j, pros·p, re·fl,
  res·p, sel, sub·j)
control (bowl; c<u>oal</u>-g;
  h<u>ole</u>-p, r, st, wh;
  r<u>oll</u>-str, tr; soul)
controversy (mercy)
convenient (lenient)
conv<u>ention</u> (at·t, in·t,
  in·v, m, pre·v;
  p<u>ension</u>-t)
conv<u>ict</u> (con·fl, str;
  cl<u>icked</u>-kn, l, n, p,
  tr)
c<u>ook</u> (b, br, cr, h, l,
  sh, t)

c<u>ool</u> (f, p, sch, sp, st,
  t; m<u>ule</u>-r; who'll;
  you'<u>ll</u>)
cooler (ruler)
c<u>oon</u> (bal·l, car·t, co·c,
  m, n, rac·c, s, sp;
  J<u>une</u>-pr, t)
c<u>oop</u> (h, l, sc, st, sw,
  tr; group)
c<u>op</u> (ch, cr, dr, fl, h,
  m, p, pl, sh, sl, st,
  t; swap)
copy (ch<u>oppy</u>-fl, p, sl)
cork (f, p, st)
c<u>orn</u> (b, h, sc, th, w)
corral (ca·n, g, p;
  shall)
correct (col·l, con·n,
  dir, e·l, ob·j, per·f,
  pro·j, pros·p, re·fl,
  res·p, sel, sub·j)
cost (fr, l; tossed)
c<u>ot</u> (bl, d, g, h, j, kn,
  l, n, p, pl, r, sh,
  sp, tr; sq<u>uat</u>-sw;
  watt)
cotton (rotten)
couch (<u>ouch</u>-cr, gr, p,
  sl, v)
cough (tr; <u>off</u>-sc)
c<u>ould</u> (sh, w; g<u>ood</u>-h,
  st, w)
count (ac·c, a·m, m)
coupons (bronze; swans)
course (c<u>oarse</u>-h; di-
  v<u>orce</u>-f; horse;
  source)
court (f<u>ort</u>-p, s, sh, sn,
  sp; q<u>uart</u>-w)
courts (f<u>orts</u>-p, s, sh,
  sp; q<u>uarts</u>-w; quartz)
cousin (dozen)
cover (l)

cow (al·low, b, br, ch, h, n, pl, s, v, w)
coward (scoured; showered-t)
cozy (nosey; rosy)
crab (bl, c, d, dr, gr, j, l, n, sc, sl, st)
crabby (fl, g, gr, sh)
crack (at·t, b, bl, kn, l, p, qu, r, s, sh, sl, sm, sn, st, t, tr; kayak-ko·d)
cracked (at·t, l, s, sm, st, t, tr; act-f, p, t)
cracks (at·t, bl, cr, j, l, qu, p, r, s, t, tr; ax-t; axe; kayaks-ko·d)
craft (dr, r; laughed)
cramp (c, ch, cl, d, l, r, sc, st, tr)
crane (c, l, p, pl, m, s, w; brain-ch, dr, g, gr, l, p, pl, r, re·m, sl, st, str, tr, v; reign; rein-v)
crank (b, bl, dr, fr, pl, pr, r, s, sp, t, th)
cranky (h, l)
crash (ash-c, cl, d, fl, h, m, sm, spl, thr, tr; mustache)
crate (ate-cre, d, f, g, l, m, pl, r, sk, sl, st; bait-str, tr, w; eight-fr, w; great; straight)
crawl (spr; all-b, c, f, h, m, sm, st, t, w; haul)

crawled (spr; bald-sc; called-st; hauled)
crazy (h, l; daisy)
creak (b, fr, l, p, sn, sp, sq, str, w; cheek-cr, p, s, w; antique-u·n)
cream (b, dr, gl, s, scr, st, str, t; extreme-sch, su·pr, th; seem)
cease (cr, gr, l; fleece; geese; niece-p; peace; police)
create (ate-cr, d, f, g, l, m, pl, r, sk, sl, st; bait-str, tr, w; eight-fr, w; great; straight)
creative (n)
creature (f; bleacher-pr, t)
credit (edit)
creek (ch, p, s, w; antique-u·n; beak-cr, fr, l, p, sn, sp, squ, str, w)
creep (ch, d, j, k, p, s, sh, sl, st, sw, w; cheap-h, l, r)
crepe (ape-c, cr, es·c, gr, scr, sh, t)
crew (bl, ch, d, dr, f, fl, gr, kn, n, st, thr, vi; blue-c, cl, gl, s, tr; canoe-sh; do-t, wh; ewe; igloo-t, z; you)
cricket (t, th)
cried (d, dr, l, sp, t, tr; bride-gl, gu, h, r, s, sl, str, t, w; I'd)

cries (d, de·n, dr, fl,
l, p, sk, sp, t, tr;
b<u>uys</u>-g; eyes; priz<u>e</u>-
s; r<u>ise</u>-w; sighs;
wh<u>ys</u>)
crime (ch, d, gr, pr,
<u>sl</u>, t; I'm; rhyme)
critter (b, gl, h, kn,
l, qu, s, tw)
croak (<u>oak</u>-cl, s;
br<u>oke</u>-j, sm, sp,
str, y; folk)
croaks (<u>oaks</u>-cl, s;
c<u>oax</u>-h; folks;
j<u>okes</u>-sm, str, y)
crook (b, br, c, h, l,
<u>sh</u>, t)
crop (c, ch, dr, fl, h,
m, p, pl, sh, sl,
st, t; swap)
cross (a·cr, b, l, m, t)
crouch (<u>ouch</u>-c, gr, p,
sl, v)
crow (b, bl, fl, gl, gr,
kn, l, m, r, sl, sn,
thr; d<u>oe</u>-h, t; dough-
th; g<u>o</u>-n, s; oh; owe;
sew)
crowed (<u>owed</u>-fl, gl, m,
r, s, sh, sl, sn, t;
c<u>ode</u>-l, r; hoed;
l<u>oad</u>-r, t; sewed)
crown (br, cl, d, dr,
fr, g, t; noun)
crows (fl, gl, gr, kn,
r, sh, sl, sn, thr;
ch<u>ose</u>-cl, h, n, p,
pr, r, th; clothes;
d<u>oes</u> (deer)-t; owes;
sews)
crude (r; ch<u>ewed</u>-st;
f<u>ood</u>-m; shrewed;
gl<u>ued</u>-s)
cruel (d, f; jewel)
cruise (br; can<u>oes</u>-sh;
choose; d<u>ues</u>-gl;
lose; n<u>ews</u>-p, vi;
<u>ooze</u>-sh; twos; <u>use</u>-
f; who's; whose;
zoos)
crumb (d, n, pl, th;
b<u>um</u>-ch, dr, g, h,
m, pl, s; c<u>ome</u>-s)
crumble (b, f, gr, h,
j, m, r, st, t)
crunch (b, h, l, m, p)
crush (bl, br, fl, h,
m, r)
crust (b, d, dis·g, j,
m, r, thr, tr)
crutch (cl; m<u>uch</u>-s;
touch)
cry (b, fl, fr, m, pr,
sh, sk, sl, sp, spr,
tr, wh; b<u>uy</u>-g; die-
l, p, t; d<u>ye</u>-e, l, r;
h<u>igh</u>-s, th)
cub (cl, fl, gr, r, s,
scr, sn, st, t)
cud (b, d, m; bl<u>ood</u>-fl)
cuddle (h, m, p)
cue (bl, cl, gl, s, tr;
blew-ch, cr, d, dr,
f, fl, kn, st, thr,
vi; can<u>oe</u>-sh; d<u>o</u>-t,
wh; ewe; igl<u>oo</u>-t, z;
you)
cuff (bl, fl, gr, p, sc,
sn, st; en<u>ough</u>-r, t)
culture (v)
cup (<u>up</u>-p)
cupid (st)
cur (bl, f; conf<u>er</u>-h,
p, pre·f, re·f; f<u>ir</u>-s,

st; purr)
curb (dis·t; herb-su·p, v)
curdle (h; girdle)
cure (l, p, s; tour-y; you're)
curing (d; touring)
curious (f)
curl (h; girl-sw, tw, wh; pearl)
curtain (certain)
curve (deserve-s, sw)
cuss (f, m; us-b, pl, th)
cut (b, h, n, r, sh, str)
cutie (beauty; duty; fruity)
cycle (bi, tri; icicle)

dab (bl, c, cr, dr, gr, j, l, n, sc, sl, st)
dad (ad-b, c, f, gl, h, l, m, p, s; add)
daddy (laddie)
daffy (t)
daily (g)
dairy (f, h; canary-li·br, sc, v; carry-m; prairie)
daisy (crazy-h, l)
dally (r; alley-g, v)
damp (c, ch, cl, cr, l, r, sc, st, tr)
damper (c, h, p, sc, st, t)
dance (ch, ro·m, tr; ants-p, pl, sl; aunts; expanse)
dancer (c; answer)
dander (g; commander)
dandy (c, h, s)

danger (m, r, str)
dangle (angle-sp, str, t, tri, wr)
dare (b, c, f, fl, gl, h, m, r, sh, sp, sq, st; air-ch, f, h, p; pear-sw, t, w; prayer; their; there-wh)
dark (ark-b, em·b, l, m, p, re·m, sh, sp)
darn (b, y)
dart (art-a·p, ch, p, sm, st, t; heart)
dash (ash-c, cl, cr, fl, h, m, sm, spl, thr, tr; mustache)
date (ate-cr, cre, f, g, l, m, pl, r, sk, sl, st; bait-str, tr, w; weight-fr, w; great; straight)
dawn (dr, f, l, y; gone; on; swan)
day (a·w, b, br, cl, g, gr, h, j, m, p, pl, pr, r, s, sl, spr, st, str, sw, tr, w; grey-pr, th; neigh-sl, w)
days (b, p, pl, pr, r, spr, st, str, tr, w; amaze-d, gl, gr, h; neighs-sl, w; phrase; praise-r)
daze (a·m, gl, gr, h; bays-d, p, pl, pr, r, spr, st, str, tr, w; neighs-sl, w; phrase; praise-r)
dazzle (r)
dead (a·h, br, h, in·st, l, r, spr, thr, tr;

bed-bl, f, fl, l, r, sh, shr, sl, sp, w; said)
deadline (h)
deal (h, m, r, s, squ, st, v, z; eel-f, h, kn, p, r, st; he'll-sh, w)
dear (ear-ap·p, cl, f, g, h, n, r, sm, sp, t, y; cheer-d, j, p, qu, sn, st; here-m; pier; we're)
dearie (bleary-sm, t, w; cheery; eerie)
death (br)
debt (bet-du, for·g, fr, g, j, l, m, n, p, s, v, w, y; sweat-thr)
decayed (be·tr, pl, pr, st, str; ade-bl, f, gr, pa·r, sh, sp, tr, w; aid-a·fr, br, l, m, p, r; neighed-w; obeyed)
deceive (con·c, re·c; achieve-be·l, gr, re·l, re·tr; we've)
deceiver (re; achiever-be·l, re·tr; fever)
December (ember-m, No·v, re·m, Sep·t)
decent (r)
deck (ch, fl, n, p, sp, wr)
decks (ch, fl, n, p, sp, wr; flex)
deed (a·gr, bl, br, ex·c, f, fr, gr, in·d, n, pro·c, s, sp, suc·c, w; bead-kn, l, pl, r; he'd-sh, w)

deep (ch, cr, j, k, p, s, sh, sl, st, sw, w; cheap-h, l, r)
deer (ch, j, p, qu, sn, st; ear-ap·p, cl, d, f, g, h, n, r, sm, sp, t, y; here-n; pier; we're)
defiance (clients; giants; science)
defiant (g; client)
degree (b, f, fl, fr, gl, kn, s, thr, tr; be-h, m, sh, w; flea-p, pl, s, t; key; ski)
dell (b, c, dw, f, s, sh, sm, sp, sw, t, w, y; belle-ga·z; ex·pel-ho·t, re·b)
demand (and-b, br, com·m, ex·p, h, l, s, st; canned-f, m, pl, sc, t)
den (h, m, p, t, th, wh, wr; again)
denial (d, tr)
denies (cr, d, dr, fl, l, p, sk, sp, t, tr; buys-g; eyes; prize-s; rise-w; sighs; whys)
dens (h, l, p, t, wr; cleanse; men's-wh)
dense (ex·p, im·m, in·t, s, sus·p, t; cents-d, r, sc, t; fence-h)
dents (c, r, sc, t; dense-ex·p, im·m, in·t, s, sus·p, t; fence-h)
depend (end-at·t, b, bl, fri, in·t, l, m, of·f, pre·t, s, sp)
deposit (closet)

desert (des·s, ex·p; blurt-h, sp; dirt-fl, sh, sk, squ)
deserve (n, s, sw; curve)
desire (f, m, re·qu, t, um·p, vam·p, w; buyer-fr, spr; choir; drier-fl; higher; liar)
dessert (de·s, des, ex·p; blurt-h, sp; dirt-fl, sh, sk, squ)
destroy (an·n, b, bu, c, em·pl, j, t)
destroys (b, bu, em·pl, j, t; noise-p)
determine (sermon)
devil (level)
devotion (e·m, l, m, n; ocean)
dew (bl, ch, cr, dr, f, fl, gr, kn, n, st, thr, vi; blue-c, cl, gl, s, tr; canoe-sh; do-t, wh; ewe; igloo-t, z; you)
dial (de·n, tr)
dice (ice-ad·v, l, m, n, pr, r, sl, sp, tw,v)
did (b, h, k, l, r, sk, sl, squ)
die (l, p, t; buy-g; by-cr, fl, fr, m, pr, sh, sk, sl, sp, spr, tr, wh; dye-e, l, r; high-s, th)
died (cr, dr, l, sp, t, tr; bride-gl, gu, h, pr, s, sl, str, t, w; I'd)
dies (cr, de·n, dr, fl, l, p, sk, sp, t, tr; buys-g; eyes; prize-s; rise-w; sighs; whys)
diet (qu; riot)
dig (b, f, j, p, r, tw, w)
digger (b, tr)
digit (fidget-m)
dike (b, h, l, m, sp, str, t, tr)
dill (ill-b, ch, dr, f, g, h, k, m, p, qu, s, shr, sk, sp, st, t, thr, w; kiln)
dim (gr, h, r, sk, sl, sw, tr, wh; gym; hymn; limb)
dime (ch, cr, gr, pr, sl, t; climb; I'm; rhyme)
diminish (f)
dimple (p, s)
dine (f, l, m, n, p, sh, sp, sw, tw; sign)
dined (l, m, wh; bind-bl, f, gr, k, m, r, w; signed)
diner (f, m; minor; signer)
dingy (st)
dinner (inner-s, sp, th, w)
dinosaur (drawer)
dip (ch, cl, dr, e·qu, fl, gr, h, l, r, s, sh, sk, sn, str, t, tr, wh, z; gyp)
dipper (fl, sk, z)
direct (col·l, con·n, cor·r, e·l, ex·p, in·f, neg·l, ob·j, per·f, pro·j, pros·p, re·fl, res·p, sel, sub·j)
dirt (fl, sh, sk, squ; blurt-h, sp; desert-des·s, ex·p)

dirty (th)
disgrace (ace-br, f, l,
   p, pl, r, tr; base-c,
   ch, e·r, v)
disgraced (re·pl; chased-
   e·r; haste-p, t, w;
   waist)
disgust (b, cr, d, j, m,
   r, thr, tr)
dish (f, sw, w)
disturb (c; herb-su·p,
   v)
ditch (itch-h, p, st, sw,
   w; rich-wh)
ditty (k, w; city-p;
   pretty)
dive (ar·r, dr, f, h, j,
   str, sur·v; I've)
divorce (f; coarse-h;
   course; horse; source)
dizzy (busy)
do (t, wh; blew-ch, cr,
   d, dr, f, fl, kn, st,
   thr, vi; blue-c, cl,
   gl, s, tr; canoe-sh;
   ewe; igloo-t,z; you)
dock (bl, c, cl, fl, kn,
   l, r, s, sh, st)
docks (bl, c, cl, fl, kn,
   l, r, s, sh; ox-b, f)
doe (h, t; bow-bl, cr,
   gl, gr, kn, r, sl, sn,
   t, thr; dough-th; go-
   n, s; oh; owe; sew)
does (buzz-f; was)
does [deer] (chose-cl, h,
   n, p, pr, r, th;
   clothes; crows-gl, gr,
   kn, r, sh, sl, sn,
   thr; doze-fr; owes;
   sews)
dog (b, f, fr, h, j, l)
dollar (c; holler; scholar)
dolly (f, g, h, j; collie)
done (one-n; bun-f, g,
   n, p, r, s, sp; son-
   t, w)
don't (w)
doom (b, bl, br, gr, r;
   fume-pl; tomb; whom)
door (fl, p; oar-b, r, s;
   o'er; ore-b, ch,
   ex·pl, m, s, sc, sh,
   sn, st, sw, t, w;
   pour; war)
dope (h, r, sl; soap)
dorm (f, st; swarm-w)
dot (bl, c, g, h, j, kn,
   l, n, p, pl, r, sh,
   sp, tr; squat-sw;
   watt)
double (tr; bubble-r, st)
doubt (out-a·b, b, p,
   sc, sh, sn, st, tr)
dough (th; bow-bl, cr,
   gl, gr, kn, l, m, r,
   sl, sn, t, thr; doe-t,
   h; go-n, s; oh; owe;
   sew)
dove (a·b, gl, l, sh; of)
down (br, cl, cr, dr, fr,
   g, t; noun)
doze (fr; chose-cl, h, n,
   p, pr, r, th; clothes;
   crows-fl, gl, gr, kn,
   r, sh, sl, sn, thr;
   does[deer]-t; owes;
   sews)
dozen (cousin)
drab (bl, c, cr, d, gr,
   j, l, n, sc, sl, st)
draft (cr, r; laughed)
drag (b, br, fl, g, l, n,
   r, s, sn, t, w)
dragon (w)
drain (br, ch, g, gr, l,

m, p, pl, r, re·m
sl, spr, st, str, tr,
v; c<u>a</u>ne-cr, l, m,
pl, s, w; reign;
r<u>ei</u>n-v)
dr<u>a</u>ke (b, br, c, f, fl,
l, m, qu, r, s, sh,
sn, st, q; ache;
br<u>ea</u>k-st)
dr<u>a</u>nk (b, bl, cr, fr,
pl, pr, r, s, sp, t,
th)
dr<u>a</u>pe (<u>a</u>pe-c, es·c, gr,
scr, sh, t; crepe)
dr<u>a</u>stic (e·l, fan·t,
pl, sar·c)
dr<u>a</u>w (cl, fl, gn, j, l,
p, r, s, squ, str,
th; awe)
dr<u>a</u>wer (dinosaur)
dr<u>a</u>wn (d, f, l, y;
gone; on; swan)
dr<u>a</u>ws (cl, fl, gn, j, l,
p, s, squ, str, th;
c<u>au</u>se-cl, p; gauze)
dr<u>ea</u>m (b, cr, gl, s,
scr, st, str, t;
extr<u>e</u>me-sch, su·pr,
th: seem)
dreamt (t<u>e</u>mpt-at)
dr<u>e</u>dge (<u>e</u>dge-h, l, pl,
sl, w)
dr<u>e</u>nch (b, cl, qu, tr,
wr)
dr<u>e</u>ss (bl, ch, con·f,
gu, l, m, pr, str,
suc·c; yes)
dr<u>e</u>w (bl, ch, d, f, fl,
gr, kn, n, st, thr,
vi; bl<u>u</u>e-c, cl, gl,
s, tr; can<u>o</u>e-sh;
d<u>o</u>-t, w; ewe;
ig<u>loo</u>-t, z; you)

dr<u>i</u>bble (n, qu, scr)
dr<u>ie</u>d (cr, d, l, sp, t,
tr; br<u>i</u>de-gl, gu, h,
pr, s, sl, str, t, w;
I'd)
dr<u>ie</u>r (fl; b<u>uy</u>er-fr,
spr; des<u>i</u>re-f, m,
re·qu, t, um·p,
vam·p, w; higher;
liar)
dr<u>ie</u>s (cr, d, de·n, fl,
l, p, sk, sp, t, tr;
b<u>uy</u>s-g; dyes; prize-
s; r<u>i</u>se-w; sighs;
whys)
dr<u>i</u>ft (g, l, s, sh, sw,
thr)
dr<u>i</u>ll (<u>i</u>ll-b, ch, d, f,
g, h, k, m, p, qu,
s, shr, sk, sp, st,
t, tr, w; kiln)
dr<u>i</u>lled (ch, f, k, sk,
sp, thr; build)
dr<u>i</u>ller (k, thr; cater-
pillar)
dr<u>i</u>nk (<u>i</u>nk-bl, br, k, l,
m, p, r, s, shr, st,
th, w)
dr<u>i</u>p (ch, cl, d, e·qu,
fl, gr, h, l, r, s,
sh, sk, sn, str, t,
tr, sh, z; gyp)
dr<u>i</u>ve (ar·r, d, h, j,
str, sur·v; I've)
dr<u>i</u>zzle (f, s; chisel)
dr<u>o</u>p (c, dh, dr, fl, h,
m, p, pl, sh, sl,
st, t; swap)
dr<u>o</u>pped (ch, fl, pl, st,
t; adopt; swapped)
dr<u>o</u>ve (gr, st, w)
dr<u>o</u>wn (br, cl, cr, d,
fr, g, t; noun)

dr**ug** (b, d, h, j, l,
  m, pl, r, shr, sl,
  sm, sn, t)
dr**um** (b, ch, g, h, m,
  pl, s; come-s;
  cr**um**b-d, h, pl, th)
dr**um**mer (s; plumber)
dr**un**k (b, ch, fl, j,
  pl, s, sk, sp, tr)
dr**y**er (bu, spr; choir;
  des**i**re-f, m, re·qu,
  t, **um**·p, vam·p, w;
  dr**i**er-fl; higher;
  liar)
dr**y**ness (sh; highness)
d**u**ck (b, cl, l, s, st,
  str, tr)
d**u**cked (pl, t; cond**u**ct-
  in·str)
d**u**cks (b, cl, s, tr)
d**u**cky (l, pl)
d**u**d (b, c, m; blood-
  fl)
d**ue**l (cr, f; jewel)
d**ue**s (gl, br**ui**se-cr;
  can**oe**s-sh; choose;
  lose; n**ew**s-p, vi;
  ooze-sn; twos; **u**se-
  f; who's; whose;
  zoos)
d**ue**t (b, for·g, fr, g,
  j, l, m, n, p, s,
  v, w, y; debt;
  sweat-thr)
d**ug** (b, dr, h, j, l,
  m, pl, r, shr, sl,
  sm, sn, t)
d**ull** (g, sk)
d**uly** (tr; newly)
d**um**b (cr, n, pl, th;
  b**um**-ch, dr, g, h,
  m, pl, s; come-s)
d**ummy** (g, m, t)

d**ump** (b, ch, h, j, l,
  p, pl, sl, st, th)
d**u**ring (c; touring)
d**u**sk (m, t)
d**u**st (b, cr, dis·g, j,
  m, r, thr, tr)
d**u**sty (g, r, tr)
d**u**ty (beauty; cutie;
  fruity)
dw**e**ll (b, c, d, f, s,
  sh, sm, sw, t, w,
  y; belle-ga·z.;
  expel-ho·t, re·b)
dw**e**ller (pro·p, s, sp,
  t; cellar)
dw**e**lt (b, f, kn, m)
d**ye** (e, l, r; b**uy**-dr,
  fl, fr, m, pr, sh,
  sk, sl, sp, spr,
  tr, wh; d**ie**-l, p,
  t; h**igh**-s, th)

each (b, bl, p, pr, r,
  t; scr**ee**ch-sp)
eager (m)
eagle (b; legal)
ear (cl, d, f, g, h,
  n, r, sm, sp, t, y;
  ch**ee**r-d, j, p, qu,
  sn, st; h**e**re-m;
  pier; we're)
earn (l, y; b**ur**n-ch, t)
ease (pl, t; b**ee**s-f, kn,
  tr; br**ee**ze-fr, sn,
  squ; ch**ee**se; fl**ea**s-p,
  pl; he's-sh; s**ei**ze;
  sk**i**s; trap**e**ze)
easy (ch**ee**sy; sn**ee**zy)
eat (b, ch, h, m, n,
  tr, wh; athl**e**te;
  b**ee**t-f, fl, gr, m,
  sh, sl, str; rec**ei**pt;
  s**ui**te)

eaten (b; sweeten)
eater (ch, h, re·p; sweeter)
edge (dr, h, l, pl, sl, w)
edit (cr)
eel (f, h, kn, p, r, st; deal-h, m, r, s, squ, st, v, z; he'll-sh, w)
eerie (bleary-sm, t, w; cheery; dearie)
egg (beg-l, p)
eight (fr, w; ate-cr, cre, d, f, g, l, m, r, sk, sl, st; bait-str, w; great; straight)
eighty (w)
either (n)
elastic (dr, fan·t, pl, sar·c)
elect (col·l, con·n, cor·r, dir, ex·p, in·f, neg·l, ob·j, per·f, pro·j, pros·p, re·fl, res·p, sel, sub·j)
elf (s, sh)
elves (s, sh)
embark (ark-b, d, l, m, p, re·m, sh, sp)
ember (De·c, m, No·v, Sep·t)
emotion (de·v, l, m, n; ocean)
employ (an·n, b, bu, de·str, j, t)
employed (an·n, en·j; avoid)
employs (an·n, b, bu, de·str, j, t; noise-p)
enable (able-c, f, st, t; label)
end (at·t, b, bl, de·p, fri, in·t, l, m, of·f, pre·t, s, sp)

enjoyed (an·n, em·pl; avoid)
enough (r, t; bluff-c, fl, gr, p, sc, sn, st)
enter (c, r; inventor)
equip (ch, cl, d, dr, fl, gr, h, r, s, sh, sk, sn, str, t, tr, wh, z; gyp)
erase (b, c, ch, v; ace-br, dis·gr, f, l, p, pl, r, tr)
escape (ape-c, dr, gr, scr, sh, t; crepe)
etch (f, sk, str)
eternal (colonel; journal; kernel)
ever (cl, for, l, n)
example (ample-s, tr)
exceed (a·gr, bl, br, d, f, fr, gr, in·d, n, pro·c, s, sp, suc·c, w; bead-kn, l, pl, r; he'd-sh, w)
except (ac·c, k, sl, sw, w)
expand (and-b, br, com·m, de·m, h, l, s, st; canned-f, m, pl, sc, t)
expanse (ants-p, pl, sl; aunts; chance-d, ro·m, tr)
expect (col·l, con·n, cor·r, dir, e·l, in·f, neg·l, ob·j, per·f, pro·j, pros·p, re·fl, re·sp, sel, sub·j)
expel (ho·t, re·b; bell-c, d, dw, f, s, sh, sm, sp, sw, t, w, y; belle-ga·z)
expense (d, im·m, in·t,

31

s, sus·p, t; cents-d,
r, sc, t; fence-h)
expert (des, des·s;
blurt-h, sp; dirt-fl,
sh, sk, squ)
explore (ore-b, ch, m, s,
sc, sh, sn, st, sw, t,
w; door-fl; oar-b, r, s;
o'er; or-n; pour; war)
extinct (inked-bl, l, w)
extreme (sch, su·p, th;
beam-cr, dr, gl, s,
scr, st, str, t; seem)
ewe (blew-ch, cr, d, f,
fl, kn, st, thr, vi;
blue-c, cl, gl, s, tr;
canoe-sh; do-t, wh;
igloo-t, z; you)
eye (d, l, r; buy-g; by-
cr, fl, fr, m, pr, sh,
sk, sl, sp, spr, tr, wh;
die-l, p, t; high-s, th)
eyes (buys-g; cries-d,
de·n, dr, l, sk, sp, t,
tr; prize-s; rise-w;
sighs; whys)
fable (able-c, en, st, t;
label)
face (ace-br, dis·gr, l,
p, pl, r, tr; base-c,
ch, e·r, v)
fact (act-p, t; attacked-
cr, l, s, sm, st, t, tr)
fad (ad-b, gl, h, l, m,
p, s; add)
fade (ade-bl, gr, m, pa·r,
sh, sp, tr, w; aid-a·fr,
br, l, m, p, r;
betrayed-de·c, pl, pr,
st, str; neighed-w;
obeyed)
fail (ail-h, j, m, n, p,
qu, r, s, sn, t, tr;

bale-g, m, p, s, sc,
st, t, wh; Braille;
they'll; veil)
faint (ac·q, p, qu, s)
fair (air-ch, h, p; bare-
c, d, f, fl, gl, h, m,
r, sc, sh, sp, squ,
st; pear-sw, t, w;
prayer; their; there-
wh)
fairy (d, h; canary-
li·br, sc, v; carry-m;
prairie)
fake (b, br, c, dr, fl,
l, m, qu, r, s, sh,
sn, st, t, w; ache;
break-st)
faker (b, m, sh, t; acre;
breaker)
fall (all-b, c, h, m, sm,
st, t, w; crawl-spr;
haul)
fan (an-b, be·g, c, m,
p, pl, r, t, th, v)
fancy (ch)
fanned (c, m, pl, sc, t;
and-b, br, com·m,
de·m, ex·p, h, l, s,
st)
fantastic (dr, e·l, pl,
sar·c)
far (b, c, gui·t, m, p,
st, t; are)
fare (b, c, d, fl, gl, h,
m, r, sc, sh, sp, squ,
st; air-ch, f, h, p;
pear-sw, t, w; prayer;
their; there-wh)
farm (arm-a·l, ch, h)
fashion (passion)
fast (bl, c, l, m, p, v;
passed)
faster (m, pl; pastor)

fat (at-b, br, c, ch,
  gn, h, m, p, r, s,
  sc, sp, th)
fate (ate-cr, cre, d, g,
  l, m, pl, r, sk, sl,
  st; bait-str, tr, w;
  eight-fr, w; great;
  straight)
fatigue (league)
fatten (fl)
fatter (b, ch, cl, fl, m,
  sc, sh, spl, t)
fault (halt-m, s)
favor (fl; braver-s, sh,
  sl)
fawn (d, dr, l, y;
  gone; on; swan)
fear (ear-ap·p, cl, d,
  g, h, n, r, sm, sp,
  t, y; cheer-d, j, p,
  qu, sn, st; here-m;
  pier; we're)
feared (ap·p, cl, n, r,
  sm, sp; cheered-j, p,
  sn, st; weird)
feather (l, w; together-
  wh)
feature (cr; bleacher-
  pr, t)
fed (b, bl, fl, l, r, sh,
  shr, sl, sp, w; ahead-
  br, d, h, in·st, l, r,
  spr, thr, tr; said)
fee (b, de·gr, fl, fr, gl,
  kn, s, thr, tr; be-h,
  m, sh, w; flea-p, pl,
  s, t; key; ski)
feed (a·gr, bl, br, in·d,
  n, pro·c, s, sp, suc·c,
  w; bead-kn, l, pl, r;
  he'd-sh, w)
feeder (bl, br, w; ced-
  ar; leader-r)

feel (eel-h, kn, p, r,
  st; deal-h, m, r, s,
  squ, st, v, z; he'll-
  sh, w)
fees (b, kn, tr; breeze-
  fr, sn, squ; cheese;
  ease-pl, t; fleas-p,
  pl; he's-sh; skis;
  trapeze)
feet (b, fl, gr, m, sh,
  sl, str; athlete; eat-
  b, ch, h, m, n, tr,
  wh; receipt; suite)
fell (b, c, d, dw, s, sh,
  sm, sp, sw, t, w, y;
  belle-ga·z; expel-ho·t,
  re·b)
fellow (y; cello-h, j)
felt (b, dw, kn, m)
fence (h; cents-d, r,
  sc, t; dense-ex·p,
  im·m, in·t, s, sus·p,
  t)
fenced (against; sensed)
fender (bl, l, m, sl, sp,
  sur·r, sus·p, t;
  splendor)
ferry (b, ch, m; bury;
  stationery-v)
fertile (turtle)
fetch (etch-sk, str)
fever (achiever-be·l,
  re·tr; deceiver-re)
few (bl, ch, cr, d, dr,
  fl, gr, kn, n, st, thr,
  vi; blue-c, cl, gl, s,
  tr; canoe-sh; do-t, wh;
  ewe; igloo-t, z; you)
fickle (p, t, tr; nickel;
  popsicle)
fiction (fr)
fiddle (gr, m, r)
fidget (m, digit)

field (sh, w, y; healed-s, squ; kneeled)
fierce (p)
fife (l, str, w)
fifty (n, sh)
fig (b, d, j, p, r, tw, w)
fight (br, fl, fr, kn, l, m, n, r, sl, t; bite-k, m, qu, wh, wr; height)
fighter (br, l, t; writer)
file (m, p, sm, t, wh; aisle; isle; style)
filed (p, sm; child-m, w)
fill (ill-b, ch, d, dr, g, h, k, m, p, qu, s, shr, sk, sp, st, t, thr, w; kiln)
filled (ch, dr, k, sk, sp, thr; build)
filly (ch, h, s; chili; lily)
find (b, bl, gr, k, m, r, w; dined-l, m, wh; signed)
fine (d, l, m, n, p, sh, sp, sw, tw; sign)
finer (d, m; minor; signer)
finish (di·m)
fir (s, st; blur-c, f; confer-p, pre·f, re·f; purr)
fire (des, m, re·qu, t, um·p, vam·p, w; buyer-fr, spr; choir; drier-fl; higher; liar)
firm (squ; germ-t; worm)
first (th; burst; nursed; worst)
fish (d, sw, w)
fist (l, m, tw, wr; kissed-m)
fit (it-b, fl, gr, h, k, kn, l, p, qu, s, sl, sp, spl, w; mitt)
fits (its-b, gr, h, k, kn, p, qu, s, sl, sp, spl, w; mitts)
five (ar·r, d, dr, h, j, str, sur·v; I've)
fix (m, s; bricks-ch, k, l, n, p, st, t, tr w)
fixed (m)
fixture (m)
fizz (is-h; whiz)
fizzle (dr, s; chisel)
flabby (cr, g, gr, sh)
flag (b, br, cr, dr, g, l, n, r, s, sn, t, w)
flake (b, br, c, dr, f, l, m, qu, r, s, sh, sn, st, t, w; ache; break-st)
flannel (ch; panel)
flap (c, cl, g, l, m, n, s, scr, sl, sn, str, t, tr, wr)
flapper (n, tr, wr)
flaps (c, ch, cl, l, m, n, s, scr, sl, sn, str, t, tr, wr; collapse)
flare (b, c, d, f, gl, h, m, r, sc, sh, sp, squ, st; air-ch, f, h, p; pear-sw, t, w; prayer; their; there-wh)
flash (ash-c, cl, cr, d, h, m, sm, spl, thr, tr; mustache)
flatten (f)
flatter (b, ch, cl, f, m,

34

sc, sh, spl, t)
flattery (b)
flavor (f; br<u>aver</u>-s, sh, sl)
fl<u>aw</u> (cl, dr, gn, j, l, p, r, s, squ, str, th; awe)
fl<u>aws</u> (cl, dr, gn, j, l, p, s, squ, str, th; c<u>ause</u>-cl, p; gauze)
fl<u>ea</u> (p, pl, s, t; b<u>e</u>-h, m, sh, w; b<u>ee</u>-de·gr, fl, fr, gl, k<u>n</u>, s, thr, tr; key; ski)
fl<u>eas</u> (p, pl; b<u>ees</u>-f, kn, tr; bre<u>eze</u>-fr, sn, squ; cheese; <u>ease</u>-pl, t; he's-sh; seize; skis; trapeze)
fleck (ch, d, n, p, sp, wr)
flecked (ch, p, wr)
fl<u>ecks</u> (ch, d, n, p, sp, wr; flex)
fled (b, bl, f, l, r, sh, shr, sl, sp, w; ah<u>ead</u>-br, d, h, in·st, l, r, spr, thr, tr; said)
fl<u>ee</u> (b, de·gr, f, fr, gl, kn, s, thr, tr; b<u>e</u>-h, m, sh, w; fl<u>ea</u>-p, pl, s, t; key; ski)
fleece (c<u>ease</u>-cr, gr, l; geese; n<u>iece</u>-p; peace; police)
fleet (b, f, gr, m, sh, sl, str; athlete; <u>eat</u>-b, ch, h, m, n, tr, wh; receipt; suite)
flew (bl, ch, cr, d, dr, f, gr, kn, n, st, thr, vi; bl<u>ue</u>-c, cl, gl, s, tr; canoe-sh; do-t, wh; ewe; igl<u>oo</u>-t, z; you)
flex (fl<u>ecks</u>-ch, d, n, p, sp, wr)
fl<u>ier</u> (dr; b<u>uyer</u>-fr, spr; choir; des<u>ire</u>-f, m, re·qu, t, um·p, vam·p, t, w; higher; liar)
fl<u>ies</u> (cr, d, de·n, dr, l, p, sk, sp, t, tr; b<u>uys</u>-g; eyes; pr<u>ize</u>-s; r<u>ise</u>-w; sighs; whys)
fl<u>ight</u> (br, f, fr, kn, l, m, n, r, s, sl, t; b<u>ite</u>-k, m, qu, wh, wr; height)
flighty (m; nightie)
fling (br, cl, k, r, s, spr, st, str, sw, th, w)
flint (h, l, m, pr, spl, squ, t)
fl<u>ip</u> (ch, cl, d, dr, e·qu, gr, h, l, r, s, sh, sk, sn, str, t, tr, wh, z; gyp)
flipper (d, sk, z)
flirt (d, sh, sk, squ; bl<u>urt</u>-h, sp; des<u>ert</u>-des·s, ex·p)
flit (<u>it</u>-b, f, gr, h, k, kn, l, p, qu, s, sl, sp, spl, w; mitt)
fl<u>oat</u> (<u>oat</u>-b, c, g, thr; n<u>ote</u>-pro·m, qu, v, wr)
flock (bl, c, cl, d, kn, l, r, s, sh, st)
flood (bl; b<u>ud</u>-c, d, m)
fl<u>op</u> (c, ch, cr, dr, h,

m, p, pl, sh, sl, st,
t; swap)
flopped (ch, dr, pl, st,
t; adopt; swapped)
floppy (ch, p, sl; copy)
floor (d; o͟ar-b, r, s;
o͟re-b, ch, ex·pl, m,
s, sc, sh, sn, st, sw,
t, w; o'er; o͟r-n;
pour; war)
flour (o͟ur-h, s, sc;
flo͟wer-p, sh, t)
flourish (n)
flow (b, bl, cr, gl, gr,
kn, l, m, r, sl, sn,
t, thr; do͟e-h, t;
do͟ugh-th; go͟-n, s;
oh; owe)
flowed (o͟wed-cr, gl, m,
r, s, sh, sl, sn, t;
co͟de-l, r; hoed; lo͟ad-
r, t; sewed)
flower (p, sh, t; o͟ur-
fl, h, s, sc)
flown (o͟wn-bl, gr, sh,
thr; bo͟ne-c, l, ph,
st, t, thr, z; gro͟an-
l, m; sewn)
flows (cr, gl, gr, kn,
r, sh, sl, sn, thr;
cho͟se-cl h, n, p, pr,
r, th; clothes; does
[deer]-t; do͟ze-fr;
owes; sews)
flub (c, cl, gr, r, s,
scr, sn, st, t)
fluff (bl, c, gr, p, sc,
sn, st; eno͟ugh-r, t)
flung (h, l, s, st, str,
wr; among; tongue;
young)
flunk (b, ch, j, pl, s,
sk, sp, tr)

flush (bl, br, cr, h, m,
r)
flute (br, ch, m; bo͟ot-h,
l, r, sc, sh, sn, t;
fruit-s; route)
flutter (u͟tter-b, cl, g,
sh, sp, st)
fly (b, cr, fr, m, pr,
sh, sk, sl, sp, spr,
tr, wh; bu͟y-g; di͟e-l,
p, t; dy͟e-e, l, r;
high-s, th)
foam (r; comb; home)
fog (b, d, fr, h, j, l)
foggy (gr, s)
foil (o͟il-b, c, s, sp, t)
fold (o͟ld-b, c, g, h, m,
s, sc, t; bowled;
strolled)
folk (bro͟ke-j, sm, sp,
str, y; o͟ak-cl, cr, s)
folks (co͟ax-h; jo͟kes-sm,
str, y; o͟aks-cl, cr, s)
follow (h; swallow)
folly (d, g, h, j; collie)
fond (be·y, p; blonde;
wand)
fonder (y; wander)
food (m; chewed-st;
crude-r; shrewd;
glued-s)
fool (c, p, sch, sp, st,
t; mule-r; who'll;
you'll)
foot (put)
force (di·v; co͟arse-h;
course; horse; source)
forever (e͟ver-cl, l, n)
forget (b, du, fr, g, j,
l, m, n, p, s, v, w, y;
debt; sweat-thr)
fork (c, p, st)

form (d, st; swarm-w)
formal (n)
former (warmer)
forsaken (sh, w;
  bacon)
fort (p, s, sh, sn, sp;
  court; quart-w)
forts (p, s, sh, sn,
  sp; courts; quarts-w;
  quartz)
fought (ought-b, br,
  s, th; caught-t)
foul (owl-f, gr, h, sc;
  towel-v)
found (b, gr, h, m, p,
  r, s, w; clowned)
fountain (m)
fowl (owl-gr, h, sc;
  foul; towel-v)
fox (ox-b; blocks-c,
  cl, d, fl, kn, l, r,
  s, sh)
frank (b, bl, cr, dr,
  pl, pr, r, s, sp, t,
  th)
frantic (antic-gi·g,
  ro·m)
freak (b, cr, l, p, sn,
  sp, squ, str, w;
  cheek-cr, p, s, w;
  antique-u·n)
freckle (h, sh)
free (b, de·gr, f, fl,
  gl, kn, s, thr, tr; be-
  h, m, sh, w; flea-p,
  pl, s, t; key; ski)
freed (a·gr, bl, br, d,
  ex·c, f, gr, in·d, n,
  pro·c, s, sp, suc·c,
  w; bead-kn, l, pl, r;
  he'd-sh, w)
freeze (br, sn, squ;
  bees-f, kn, tr;

cheese; ease-pl, t;
  fleas-p, pl; he's-sh;
  seize; skis; trapeze)
freight (eight-w; ate-
  cr, cre, d, f, g, l,
  m, pl, r, sk, sl, st;
  bait-str, w; great;
  straight)
fret (b, du, for·g, g,
  j, l, m, n, p, s, v,
  w, y; debt; sweat-
  thr)
friction (f)
friend (end-at·t, b, bl,
  de·p, in·t, l, m,
  of·f, pre·t, s, sp)
fright (br, f, fl, kn, l,
  m, n, r, s, sl, t;
  bite-k, m, qu, wh,
  wr; height)
frisky (r)
frog (b, d, f, h, j, l)
front (bunt-bl, gr, h,
  p, r, st)
frost (c, l; tossed)
frown (b, cl, cr, d,
  dr, g, t; noun)
froze (d; chose-cl, n,
  p, pr, r, th; clothes;
  crows-fl, gl, gr, kn,
  r, sh, sl, sn, thr;
  does [deer]-t; owes;
  sews)
fruit (s; boot-h, l, r,
  sc, sh, sn, t; brute-
  ch, fl, m; route)
fruity (beauty; cutie;
  duty)
fry (b, cr, fl, m, pr,
  sh, sk, sl, sp, spr,
  tr, wh; buy-g; die-l,
  p, t; dye-e, l, r;

high-s, th)
fryer (bu, spr; choir;
　desire-f, m, re·qu,
　t, um·p, vam·p, w;
　drier-fl; higher; liar)
fudge (b, gr, j, tr)
fuel (cr, d; jewel)
full (b, p; wool)
fumble (b, cr, gr, h,
　j, m, r, st, t)
fume (pl; boom-bl, br,
　d, gr, r; tomb; whom)
fun (b, g, n, p, r, s,
　sp; one-d, n; son-
　t, w)
fund (gunned-sh, st)
funny (b, s; honey-m;
　sonny)
fur (bl, c; confer-h,
　p, pre·f, re·f; fir-s,
　st; purr)
furious (c)
furry (h; worry)
fuse (use; bruise-cr;
　canoes-sh; choose;
　dues-gl; lose; news-
　p, vi; ooze-sn; twos;
　who's; whose; zoos)
fuss (c, m; us-b, pl,
　th)
fuzz (b; does; was)

gabby (cr, fl, gr, sh)
gag (b, br, dr, fl, l,
　n, r, s, sn, t, w)
gaily (d)
gain (br, ch, dr, gr, l,
　m, p, pl, r, re·m, sl,
　spr, st, str, tr, v;
　cane-cr, l, m, pl, s,
　w; reign; rein-v)
gal (ca·n, cor·r, p;
　shall)
gale (b, m, p, s, sc,
　st, t, wh; ail-f, h, m,
　n, p, qu, r, s, sn,
　t; Braille; they'll;
　veil)
gales (b, s, sc, t, wh;
　ails-f, n, p, qu, r, s,
　sn, t; veils)
galley (alley-v; dally-
　r)
gamble (r, scr)
gander (d)
gang (b, cl, mus·t, r,
　s, sl)
gap (c, ch, cl, fl, l, m,
　n, s, scr, sl, sn, str,
　t, tr, wr)
garage (mirage)
garden (h; pardon)
gas (a·l; brass-cl, gr,
　l, m, p, s)
gasket (b, c)
gate (ate-cr, cre, d, f,
　g, l, m, pl, r, sk, sl,
　st; bait-str, tr, w;
　eight-fr, w; great;
　straight)
gauge (age-c, p, r, st,
　w)
gauze (cause-cl, p;
　claws-dr, fl, gn, j, l,
　p, s, squ, str, th)
gave (be·h, br, c, gr,
　p, r, s, sh, sl, w;
　they've)
gay (b, br, cl, d, gr, h,
　j, m, p, pl, pr, r, s,
　sl, spr, st, str, sw,
　tr, w; grey-o·b, pr,
　th; neigh-sl, w)
gazelle (b; bell-c, d, dw,

f, s, sh, w, y; ex·
 pel-ho·t, re·b)
gear (ear-ap·p, cl, d,
 f, h, n, r, sm, sp,
 t, y; cheer-d, j, p,
 qu, sn, st; here-m;
 pier; we're)
geese (cease-cr, gr, l;
 fleece; niece-p;
 peace; police)
gem (h, st, th; con-
 demn)
gentle (mental-r)
germ (t; firm-squ;
 worm)
get (b, du, for·g, fr,
 j, l, m, n, p, s, v,
 w, y; debt; sweat-
 thr)
geyser (miser-w)
ghost (h, m, p; boast-
 c, r, t)
giant (de·f; client)
giants (clients; de-
 fiance; science)
gift (dr, l, s, sh, sw,
 thr)
gigantic (antic-fr,
 ro·m)
giggle (wr)
gill (ill-b, ch, d, dr,
 f, h, k, m, p, qu, s,
 shr, sk, sp, st, t,
 thr, w; kiln)
ginger (injure)
giraffe (behalf-c, h;
 graph; laugh; staff)
girdle (curdle-h)
girl (sw, tw, wh; curl-
 h; pearl)
gizzard (bl; lizard-w)
glad (ad-b, c, d, f, h,
 l, m, p, s; add)

glamour (clamor; gram-
 mar; hammer-st)
glare (b, c, d, f, fl,
 h, m, r, sc, sh, sp,
 squ, st; air-ch, f, h,
 p; pear-sw, t, w;
 prayer; their; there-
 wh)
glassy (s; lassie)
glaze (a·m, d, gr, h;
 bays-d, p, pl, pr,
 r, spr, st, str, tr,
 w; neighs-sl; phrase;
 praise-r)
gleam (b, cr, dr, s,
 scr, st, str, t; ex-
 treme-sch, su·pr, th;
 seem)
glee (b, de·gr, f, fl,
 fr, kn, s, thr, tr;
 be-h, m, sh, w; flea-
 p, pl, s, t; key; ski)
glide (br, gu, h, pr, s,
 sl, str, t, w; cried-
 d, dr, l, sp, t, tr;
 I'd)
glimpse (imps-bl, l,
 shr, sk)
glisten (l)
glitter (b, cr, h, kn,
 m, r, s)
glob (b, bl, g, j, kn,
 m, r, s, sl, sn, thr)
globe (r)
gloomy (r)
glory (g, st)
glove (a·b, l, sh; of)
glow (b, bl, cr, gl,
 gr, kn, l, m, r, sl,
 sn, t, thr; doe
 [deer]-s; dough-th;
 go-n, s; oh; owe; sew)

glowed (owed-cr, fl, m, r, s, sh, sl, sn, t; code-l, r; hoed; load-r, t; sewed)
glows (cr, fl, gr, kn, r, sh, sl, sn, thr; chose-cl, h, n, p, pr, r, th; clothes; does (deer)-t; doze-fr; owes; sews)
glue (bl, c, cl, s, tr; blew-ch, cr, d, dr, f, fl, kn, st, thr, vi; canoe-sh; do-t, wh; ewe; igloo-t, z; you)
glued (s; chewed-st; crude-r; food-m; shrewd)
glues (d, h; bruise-cr; canoes-sh; choose; lose; news-p, vi; ooze-sn; twos; who's; whose; zoos)
glutton (b, m)
gnarl (sn)
gnat (at-b, br, c, ch, f, h, m, p, r, s, sc, sp, th)
gnaw (cl, dr, fl, j, p, r, s, squ, str, th; awe)
gnawed (applaud; broad; cod-G, n, p, r, s, tr; odd; squad-w)
gnaws (cl, dr, fl, j, l, p, s, squ, str, th; cause-cl, p; gauze)
go (n, s; bow-bl, fl, gr, kn, l, m, r,
sl, sn, thr; doe-h, t; dough-th; oh; owe; sew)
goal (c; bowl; control; hole-p, r, st, wh; roll-str, tr; soul)
goat (b, c, fl, thr; note-pro·m, qu, v, wr)
gobble (c, h, w; squabble)
God (c, n, p, r, s, tr; applaud; broad; odd; squad-w)
gold (old-b, c, f, h, m, s, sc, t; bowled; strolled)
golly (d, f, h, j; collie)
gone (dawn-dr, f, l, y; on; swan)
gong (a·l, be·l, l, s, str, wr)
good (h, st, w; could-sh, w)
goof (pr, sp)
goose (ca·b, l, m, n; juice; spruce-tr; use)
gopher (loafer)
gorilla (van)
gory (gl, st)
got (bl, c, d, h, j, kn, l, n, p, pl, r, sh, sp, tr; squat-sw; watt)
gown (br, cl, cr, d, dr, fr, t; noun)
grab (bl, c, cr, d, dr, j, l, n, sc, sl, st)
grabby (cr, fl, g, sh)
grade (ade-bl, f, m,

pa·r, sh, sp, tr,
w; aid-a·fr, br, l,
m, p, r; betrayed-
de·c, pl, pr, st,
str; neighed-w;
obeyed)
grain (br, ch, dr, g,
l, m, p, pl, r,
re·m, sl, spr, st,
str, tr, v; cane-
cr, l, m, pl, s, w;
reign; rein-v)
grammer (clamor; glamour;
hammer-st)
granite (planet)
grant (ant-ch, gr, p,
pl, sc, sl; aunt;
can't)
grape (ape-cr, dr,
es·c, scr, sh, t;
crepe)
graph (behalf-c, h;
giraffe; laugh;
staff)
grasp (cl)
grass (br, cl, l, m, p,
s; alas-g)
grave (be·h, br, c, g,
p, r, s, sh, sl, w;
they've)
gravel (tr)
gravity (c)
gravy (n)
gray (a·w, b, br, cl,
d, g, gr, h, j, m,
p, pl, pr, r, s, sl,
spr, st, str, sw,
tr, w; grey-o·b,
pr, th; neigh-sl, w)
graze (a·m, d, gl, h;
bays-d, p, pl, pr,
r, spr, st, str, tr,
w; neighs-sl;

phrase; praise-r)
grease (c, cr, l;
fleece; geese;
niece-p; peace;
police)
great (ate-cr, cre, d,
f, g, l, m, pl, r,
sk, sl, st; bait-str,
tr, w; eight-fr, w;
straight)
greed (a·gr, bl, br,
d, ex·c, f, fr,
in·d, n, pro·c, s,
sp, suc·c, w;
bead-kn, l, pl, r;
he'd-sh, w)
greedy (n, sp, w)
green (k, qu, s, scr,
t; bean-cl, l, m;
caffeine; machine-
ma·r, rou·t, sar·d;
scene)
greet (b, f, fl, m, sh,
sl, str; athlete;
eat-b, ch, h, m, n,
tr, wh; receipt;
suite)
grew (bl, ch, d, dr,
f, fl, kn, n, st,
thr, vi; blue-c, cl,
gl, s, tr; canoe-sh;
do-t, wh; ewe;
igloo-t, z; you)
grey (o·b, pr, th;
away-b, br, cl, d,
g, gr, h, j, m, p,
pl, pr, r, s, sl,
spr, st, str, sw,
tr, w; neigh-sl, w)
griddle (f, m, r)
grief (be·l, br, ch,
re·l, th; beef-r;
leaf)

grieve (a·ch, be·l, re·l, th; beef-r; leave)
grim (d, h, r, sk, sl, sw, tr, wh; gym; hymn; limb)
grime (ch, cr, d, pr, sl, t; climb; I'm; rhyme)
grin (in-b, ch, k, p, s, sh, sk, t, th, tw, w; inn)
grinned (sk; wind)
grip (ch, cl, d, dr, e·qu, fl, h, l, r, s, sh, sk, sn, str, t, tr, wh, z; gyp)
gripe (p, r, str, sw, w; type)
gristle (br, th, wh; missile)
grit (it-b, f, fl, h, k, kn, l, p, qu, s, sl, sp, spl, w; mitt)
grits (its-b, f, h, k, kn, p, qu, s, sl, sp, spl, w; it's; mitts)
groan (l, m; bone-c, l, ph, st, t, thr, z; own-bl, fl, gr, sh, thr; sewn)
grocer (closer)
groggy (f, s)
groom (b, bl, br, gr, r; fume-pl; tomb; whom)
groovy (movie)
grouch (ouch-c, cr, p, sl, v)
ground (b, f, h, m, p, r, s, w; clowned)
group (coop-h, l, sc, st, sw, tr)
grouse (bl, h, l, m, sp)
grove (dr, st, w)
grow (b, bl, cr, fl, gl, kn, l, m, r, sl, sn, t, thr; doe-h, t; dough-th; go-n, s; oh; owe; sew)
growl (owl-f, h, sc; foul; towel-v)
grown (own-bl, fl, sh, thr; bone-c, l, ph, st, t, thr, z; grown-l, m; sewn)
grows (cr, fl, kn, r, sh, sl, sn, thr; chose-cl, h, n, p, pr, r, th; clothes; does (deer)-t; doze-fr; owes; sews)
growth (both; oath)
grub (c, cl, fl, r, s, scr, sn, st, t)
grubby (ch, h, t)
grudge (b, f, j, tr)
gruff (bl, c, fl, p, sc, sn, st; enough-r, t)
grumble (b, cr, f, h, j, m, r, st, t)
grumpy (b, j, l)
grunt (b, bl, h, p, r, st; front)
grunting (b, h, p)
guard (c, h, l, re·g, y; barred-j, sc)
guess (bl, ch, con·f, dr, l, m, pr, str, suc·c; yes)
guessed (bl, pr; best-ch, qu, n, p,

re·qu, sug·g, t, v,
w; breast)
guest (b, ch, n, p,
re·qu, sug·g, t, v,
w; blessed-gu, pr;
breast)
guide (br, gl, h, pr,
s, sl, str, t, w;
cried-d, dr, l, sp,
t, tr; I'd)
guitar (b, c, f, m, p,
sc, st, t; are)
gull (d, f, sk)
gum (b, ch, dr, h, m,
pl, s; come-s;
crumb-d, n, pl, th)
gummy (d, m, t)
gun (b, f, n, p, r, s,
sp; one-d, n;
son-t, w)
gunned (sh, st; fund)
guppy (p)
gusher (usher)
gusty (d, r, tr)
gutter (utter-b, c, fl,
sh, sp, st)
guys (b; cries-d,
de·n, dr, fl, l, p,
sk, sp, t, tr; eyes;
prize-s; rise-w;
sighs; whys)
gym (dim-gr, h, r, sk,
sl, sw, tr, wh;
hymn; limb)
gyp (chip-cl, d, dr,
e·qu, fl, gr, h, l,
r, s, sh, sk, str,
t, tr, wh, z)

habit (rabbit)
had (ad-b, c, f, gl, l,
p, s; add)
hail (ail-f, j, m, n, p,
qu, r, s, sn, t,
tr; bale-g, m, p,
s, sc, st, t, wh;
Braille, they'll)
hair (air-ch, f, p;
bare-c, d, f, fl,
gl, h, m, r, sc,
sh, sp, squ, st;
pair-sw; t, w;
prayer; their;
there-wh)
hairy (d, f; canary-
li·br, sc, v;
carry-m; prairie)
half (be·h, c; giraffe;
graph; laugh;
staff)
hall (all-b, c, f, h, m,
sm, st, t, w; crawl-
spr; haul)
halt (m, s; fault)
ham (am-cl, j, pro·gr,
r, scr, sl, sw;
lamb)
hammer (st; clamor;
grammar)
hamper (c, d, p, sc,
st, t)
hand (and-b, br, com·m,
de·m, ex·p, h, l,
s, st; canned-f, m,
pl, sc, t)
handle (c; sandal-sc)
handy (c, d, s)
hangar (anger)
hanky (cr, l)
happy (p, scr, sn)
harbor (barber)
hard (c, gu, l, re·g,
y; barred-j, sc)
harden (g; pardon)
hardy (t)
hare (b, c, d, f, fl,

gl, m, r, sc, sh,
sp, squ, st; a͟ir-ch,
f, h, p; pea͟r-sw, t,
w; prayer; their;
there-wh)
harm (a͟rm-a·l, ch, f)
harp (c, sh, t)
harsh (m)
has (jazz-r)
hash (a͟sh-c, cl, cr, d,
fl, m, sm, spl, thr,
tr; mustache)
haste (p, t, w; chased-
er; disgraced-re·pl;
waist)
hat (a͟t-b, br, c, ch, f,
gn, m, p, r, s, sc,
sp, th)
hatch (b, c, l, m, p,
scr, sn; attach)
haughty (n; knotty-sp)
haul (a͟ll-b, c, f, h,
m, sm, st, t, w;
crawl-spr)
hauled (ba͟ld-sc;
called-st; crawled-
spr)
haunt (j, t)
hawk (squ; ba͟lk-ch, st,
t, w)
hay (a·w, b, br, cl, d,
g, gr, j, m, p, pl,
pr, r, s, sl, spr,
st, str, sw, tr;
grey-o·b, pr, th;
nei͟gh-sl, w)
haze (a·m, d, gl, gr;
ba͟ys-d, p, pl, pr,
r, spr, st, str, tr,
w; nei͟ghs-sl, w;
phrase; praise-r)
hazy (cr, l; daisy)
he (b, m, sh, w, bee-

de·gr, f, fl, fr,
gl, kn, s, thr, tr;
flea͟-p, pl, s, t;
key; ski)
head (a·h, br, d, in·st,
l, r, spr, thr, tr;
bed-bl, f, fl, l, r,
sh, shr, sl, sp, w;
said)
headline (d)
heal (d, m, r, s, squ,
s, st, v, z; ee͟l-f,
h, kn, p, r, st;
he'll-sh, w)
healed (s, squ; field-
sh, w, y; kneeled)
health (w)
heap (ch, l, r; cheep-
cr, d, j, k, p, s,
sh, sl, st, sw, w)
hear (ea͟r-cl, d, f, g,
n, r, sm, sp, t,
y; cheer-d, j, p,
qu, sn, st; here-m;
pier; we're)
heard (bird-th; blurred-
oc·c; herd; word)
heart (a͟rt-a·p, ch, d,
p, sm, t)
heat (ea͟t-b, ch, m, n,
tr, wh; athlete;
beet-f, fl, gr, m,
sh, sl, str; receipt;
suite)
heater (eater-ch, re·p;
sweeter)
heckle (fr, sh)
he'd (sh, w; agree͟d-bl,
br, d, ex·c, f, fr,
gr, in·d, n, pro·c,
s, sp, suc·c, w;
bead-kn, l, pl, r)
hedge (e͟dge-dr, l, pl,

sl, w)
heel (eel-f, kn, p , r,
 st; deal-h, m, r, s,
 squ, st, v, z; he'll-
 sh, w)
height (bite-k, m, qu,
 wh, wr; bright-f,
 fl, fr, kn, l, m, n,
 r, s, sl, t)
held (w; shelled)
he'll (sh, w; deal-h,
 m, r, s, squ, st, v,
 z; eel-f, h, kn, p,
 r, st)
hello (c, j; fellow-y)
help (y)
hem (g, st, th; condemn)
hen (d, m, p, t, th, wh,
 wr; again)
hence (f; cents-d, r, sc,
 t; dense-ex·p, im·m,
 in·t, s, sus·p, t)
hens (d, l, p, t, wr;
 cleanse; men's-wh)
her (con·f, p, pre·f,
 re·f; blur-c, f; fir-
 s, st; purr)
herb (su·p, v; curb-
 dis·t)
herd (bird-th; blurred-
 oc·c; heard; word)
herder (murder)
here (m; cheer-d, j, p,
 qu, sn, st; ear-ap·p,
 cl, d, f, g, h, n,
 r, sm, sp, t, y; pier;
 we're)
hermit (p)
hero (z)
he's (sh; bees-f, kn, tr;
 breeze-fr, sn, squ;
 cheese; ease-pl, t;
 fleas-p, pl; seize;
 skis; trapeze)
hid (b, d, k, l, r,
 sk, sl, squ)
hide (br, gl, gu, pr,
 s, sl, str, t, w;
 cried-d, dr, l, sp,
 t, tr; I'd)
high (s, th; by-cr,
 fl, fr, m, pr, sh,
 sk, sl, sp, spr,
 tr, wh; die-l, p,
 t; dye-e, l, r)
higher (buyer-fr, spr;
 desire-f, m, re·qu,
 t, um·p, vam·p, w;
 choir; drier-fl;
 liar)
highness (dryness-sh)
hike (b, d, l, m, sp,
 str, t, tr)
hill (ill-b, ch, d, dr,
 f, g, k, m, p, qu,
 s, shr, sk, sp, st,
 t, thr, w; kiln)
hilly (ch, f, s; chili;
 lily)
him (d, gr, r, sk, sl,
 sw, tr, wh; gym;
 hym; limb)
hint (fl, l, m, pr, spl,
 squ, t)
hints (m, pr; prince-w;
 rinse)
hip (ch, cl, d, dr,
 e·qu, fl, gr, l, r,
 s, sh, sk, sn, str,
 t, tr, wh, z; gyp)
his (is; whiz; fizz)
hiss (k, m; sis-th)
hissed (k, m; fist-l,
 m, tw, wr)
hit (it-b, f, fl, gr, k,
 kn, l, p, qu, s, sl,

sp, spl, w; mitt)
hitch (itch-d, p, st, sw
  w; rich-wh)
hits (its-b, f, gr,
  kn, p, qu, s, sl,
  sp, spl, w; mitts)
bitter (b, cr, gl, kn,
  l, qu, s, tw)
hive (ar·r, d, dr, f,
  j, str, sur·v; I've)
hoard (b; bored-sc, sn,
  st; horde; lord-sw;
  roared)
hoarse (c; course; di-
  vorce-f; horse;
  source)
hoax (c; folks; jokes-sm,
  str, y; oaks-cl, cr, s)
hobble (c, g, w; squabble
hobby (l)
hockey (j; cocky-r)
hoe (d, t; bow-gl, cr,
  fl, gl, gr, kn, m, r,
  sl, sn, t, thr; dough-
  th; go-n, s; oh; owe;
  sew)
hoed (code-l, r; load-r,
  t; owed-cr, fl, gl, m,
  r, w, sh, sl, sn, t;
  sewed)
hog (b, d, f, fr, j, l)
hold (old-b, c, f, g, m,
  s, sc, t; bowled;
  strolled)
hole (p, r, st, wh; bowl
  coal-g; control; roll-
  str, tr; soul)
holler (collar-d; scholar)
hollow (f; swallow)
holly (d, f, g, j; collie)
holy (lowly-sl)
home (foam-r; comb)
honey (m; bunny-f, s;

sonny)
hood (g, st, w; could-
  sh, w)
hook (b, br, c, cr, l,
  sh, t)
hoop (c, l, sc, st, sw,
  tr; group)
hoot (b, r, sc, sch,
  sn, t; brute-ch, fl,
  m; fruit-s; route)
hop (c, ch, dr, fl, m,
  p, pl, sh, sl, st, t;
  swap)
hope (d, r, sl; soap)
horde (board-h; bored-
  sc, sn, st; lord-sw;
  roared)
horn (b, c, sc, th, w)
horny (th)
horse (coarse-h; course;
  divorce-f; source)
hose (ch, cl, n, pr, r,
  th; clothes; crows-fl,
  gl, gr, kn, r, sh, sl,
  sn, thr; does [deer]-
  t; doze-fr; owes; sews)
host (gh, m, p; boast-c,
  r, t)
hot (bl, c, d, g, j, kn,
  l, n, p, pl, r, sh,
  sp, tr; squat-sw;
  watt)
hotel (ex·p, re·b; bell-
  c, d, dw, f, s, sh,
  sm, sp, sw, t, w, y;
  belle-ga·z)
hound (b, f, gr, m, p,
  r, s, w; clowned)
hour (our-fl, s, sc;
  flower-p, sh, t)
house (bl, gr, l, m, sp)
how (ow-a·l, b, br, c,
  ch, n, pl, s, v, w)
howdy (r; cloudy)

46

howl (owl-f, gr, sc; foul; towel-v)
hubby (ch, gr, t)
huddle (c, m, p)
hues (d, gl; bruise-cr; canoes-sh; choose; lose; news-p, vi; ooze-sn; twos; use-f; who's; whose; zoos)
hug (b, d, dr, j, l, m, pl, r, shr, sl, sm, sn, t)
huge (stooge)
hum (b, ch, dr, g, m, pl, s; come-s; crumb-d, n, pl, th)
humble (b, cr, f, gr, j, m, r, st, t)
humor (r)
hump (b, ch, d, j, l, p, pl, sl, st, th)
hunch (b, cr, l, m, p)
hung (fl, l, s, st, str, wr; amount; tongue; young)
hunger (younger)
hunt (b, bl, gr, p, r, st; front)
hunting (b, gr, p)
hurdle (c; girdle)
hurl (c; girl-sw, tw, wh; pearl)
hurry (f; worry)
hurt (bl, sp; desert-des·s, ex·p; dirt-fl, sh, sk, squ)
hush (bl, br, cr, fl, m, r)
hustle (r; muscle; mussel)
hut (b, c, n, r, sh, str)

hymn (dim-gr, h, r, sk, sl, sw, tr, wh; gym; limb)

ice (ad·v, l, m, n, pr, r, sl, sp, tw, v)
icicle (cycle-bi, tri)
icy (sp)
I'd (bride-gl, gu, h, pr, s, sl, str, t, w; cried-d, dr, l, sp, t)
idle (br; bridal; idol)
idol (bridal; idle-br)
if (cliff-j, sn, st, wh)
igloo (t, z; blew-ch, cr, d, f, fl, kn, n, st, thr, vi; blue-c, cl, gl, s, tr; canoe-sh; do-t, wh; ewe; you)
ill (b, ch, d, dr, f, g, h, k, m, p, qu, s, shr, sk, st, t, w; kiln)
I'm (chime-cr, d, gr, pr, sl, t; climb; rhyme)
immense (d, ex·p, in·t, s, sus·p, t; cents-d, r, sc, t; fence-h)
imp (bl, shr, sk)
imps (bl, l, shr, sk; glimpse)
in (b, ch, gr, k, p, s, sh, sk, t, th, tw, w; inn)
inch (c, p)
indeed (a·gr, bl, br, d, ex·c, f, fr, gr, n, pro·c, s, sp, suc·c, w; bead-kn, l, pl, r; he'd-sh, w)

47

infect (col·l, con·n,
  cor·r, dir, e·l,
  ex·p, neg·l, ob·j,
  per·f, pro·j, pros·p,
  re·fl, res·p, sel,
  sub·j)
inherit (m)
injure (ginger)
ink (bl, br, dr, k, l,
  m, p, r, s, shr,
  st, th, w)
inked (bl, l, w; ex-
  tinct)
inky (p, st)
inn (in-b, ch, gr, k,
  p, s, sh, sk, t,
  th, tw, w)
inner (d, s, sp, th, w)
instead (a·h, br, d,
  l, r, spr, thr, tr;
  bed-bl, f, fl, l, r,
  sh, shr, sl, sp, w;
  said)
instruct (con·d;
  bucked-d, pl, t)
insult (a·d, re·s)
intend (end-at·t, b,
  bl, de·p, fri, l, m,
  of·f, pre·t, s, sp)
intense (d, ex·p, im·m,
  s, sus·p, t; cents-d,
  r, sc, t; fence-h)
intention (at·t, con·v,
  in·v, m, pre·v;
  pension-t)
invention (at·t, con·v,
  in·t, m, pre·v;
  pension-t)
inventor (enter-c, r)
is (h; whiz; fizz)
isle (aisle; file-m, p,
  sm, t, wh; style)
issue (t)

it (b, f, fl, gr, h, k,
  kn, l, p, qu, s, sl,
  sp, spl, w; mitt)
itch (d, h, p, st, sw,
  w; rich-wh)
its (b, f, gr, h, k,
  kn, p, qu, s, sl,
  sp, spl, w; it's;
  mitts)
I've (arrive-d, dr, f,
  h, j, str, sur·v)

jab (bl, c, cr, d, dr,
  gr, l, n, sc, sl,
  st)
jackal (cackle-cr, t)
jacket (br, p, r)
jacks (at·t, b, bl, cr,
  l, p, qu, r, s, sh,
  sl, sm, sn, st, t;
  ax-t; axe; kayaks-
  ko·d)
jail (ail-f, h, m, n, p,
  qu, r, s, sn, t,
  tr; bale-g, m, p, s,
  sc, st, t, wh; Braille;
  they'll; veil)
jam (am-cl, h, j,
  pro·gr, r, scr, sl,
  sw; lamb)
jarred (b, sc; card-gu,
  h, l, re·g, y)
jaunt (h, t)
jaw (cl, dr, fl, gn, l, p,
  r, squ, str, th; awe)
jaws (cl, dr, fl, gn, l,
  p, s, squ, str, th;
  cause-cl, p; gauze)
jay (a·w, b, br, cl, d,
  g, gr, h, m, p, pl,
  pr, r, s, sl, spr,
  st, str, sw, tr, w;
  grey-o·b, pr, th;

neigh-sl, w)
jazz (r; has)
jeep (ch, cr, d, k, p,
    s, sh, sl, st, sw,
    w; cheap-h, l, r)
jeer (ch, d, p, qu, sn,
    st; ear-ap·p, cl, d,
    f, g, h, n, r, sm,
    sp, t, y; here-m;
    pier; we're)
jello (c, h; fellow-y)
jelly (b, sm)
jerk (cl, p; lurk; work)
jet (b, du, for·g, g,
    l, m, n, p, s, v,
    w, y; debt; sweat-
    thr)
jewel (cruel-d, f)
jiff (cl, sn, st, wh; if)
jig (d, f, p, r, tw, w)
jingle (m, s, sh, t)
jive (ar·r, d, dr, f, h,
    str, sur·v; I've)
job (b, bl, g, gl, kn,
    m, r, s, sl, sn, thr)
jockey (h; cocky-r)
jog (b, d, f, fr, h, l)
join (c)
joint (p)
joke (br, sm, sp, str,
    y; oak-cl, cr, s;
    folk)
joker (sm)
jokes (sm, str, y; coax-
    h; folks; oaks-cl,
    cr, s)
jolly (d, f, g, h; collie)
jolt (c, re·v)
jot (bl, c, d, g, h, kn,
    l, n, p, pl, r, sh,
    sp, tr; squat-sw;
    watt)
journal (colonel; eternal;
    kernel)
joy (an·n, b, bu, c,
    de·str, em·pl, t)
joys (an·n, b, bu,
    de·str, em·pl, t;
    noise-p)
judge (b, f, gr, tr)
jug (b, d, dr, h, l,
    m, pl, r, shr,
    sl, sm, sn, t)
juice (caboose-g, l,
    m, n; spruce-tr;
    use)
jumble (b, cr, f, gr,
    h, m, r, st, t)
jump (b, ch, d, h, l,
    p, pl, sl, st, th)
jumpy (b, gr, l)
June (pr, t; balloon-
    car·t, c, co·c, m,
    n, rac·c, s, sp)
jungle (b)
junk (b, ch, dr, fl,
    pl, s, sk, sp, tr)
just (b, cr, d, dis·g,
    m, r, thr, tr)

kayak (ko·d; attack-b,
    bl, cr, kn, l, p,
    qu, r, s, sh, sl, sm,
    sn, st, tr)
kayaks (ko·d; ax-t;
    axe; attacks-b, bl,
    cr, j, l, qu, r, s,
    sl, sm, sn, st, t)
keen (gr, qu, s, scr,
    t; bean-cl, m;
    caffeine; machine-
    ma·r, rou·t, sar·d;
    scene)
keep (ch, cr, d, j, p,
    s, sh, sl, st, sw,
    w; cheap-h, l, r)

kept (ac·c, ex·c, k, sl, sw, w)
kernel (colonel, eternal; journal)
kettle (s; metal-p)
key (be-h, m, sh, w; bee-de·gr, f, fl, fr, gl, kn, s, thr, tr; flea-p, pl, s, t; ski)
kick (br, ch, cl, l, p, qu, s, sl, st, t, th, tr; conflict-con·v, str)
kicked (cl, l, n, p, tr; conflict-con·v, str)
kicks (br, ch, l, n, p, st, t, tr, w; fix-m, s)
kid (b, d, l, r, sk, sl, squ)
kill (ill-b, ch, d, dr, f, g, h, m, p, qu, s, shr, sk, sp, st, t, tr, w; kiln)
killed (ch, dr, f, sk, sp, thr; build)
killer (dr, thr; caterpillar)
kiln (ill-b, ch, d, dr, f, g, h, k, m, p, qu, s, shr, sk, st, t, w)
kin (in-b, ch, gr, p, s, sh, sk, t, th, tw, w; inn)
kind (b, bl, f, gr, m, r, w; dined-l, m, wh; signed)
king (br, cl, fl, r, s, spr, st, str, sw, th, w)
kink (ink-bl, br, dr, l, m, p, r, s, shr, st, th, w)
kiss (h, m; sis-th)
kissed (h, m; fist-l, m, tw, wr)
kit (it-b, f, fl, gr, h, kn, l, p, qu, s, sl, sp, spl, w; mitt)
kite (b, m, qu, wh, wr; bright-f, fl, fr, kn, l, m, n, r, s, sl, t; height)
kits (its-b, f, gr, h, kn, p, qu, s, sl, sp, spl, w; it's; mitts)
kitten (b, m, wr)
kitty (d, w; city-p; pretty)
knack (at·t, b, bl, cr, l, p, qu, r, s, sh, sl, sm, sn, st, t, tr; kayak-ko·d)
knead (b, l, pl, r; agreed-bl, br, d, ex·c, f, fr, gr, in·d, n, pro·c, s, sp, suc·c w; he'd-sh, w)
knee (b, de·gr, f, fl, fr, gl, s, thr, tr; be-h, m, sh, w; flea-p, pl, s, t; key, ski)
kneel (eel-f, h, p, r, st; deal-h, m, r, s, squ, st, v, z; he'll-sh, w)
kneeled (field-sh, w, y; healed-s, squ)
knees (b, f, tr; breeze-fr, sn, squ; cheese; ease-pl, t; fleas-p, pl; he's-sh; seize; skies; trapeze)
knelt (b, dw, f, m)
knew (bl, ch, cr, d, dr,

f, fl, n, st, thr,
vi; bl<u>ue</u>-c, cl, gl,
s, tr; can<u>oe</u>-sh;
d<u>o</u>-t, wh; <u>e</u>we;
ig<u>loo</u>-t, z; you)
kn<u>igh</u>t (br, f, fl, fr,
l, m, n, r, s, sl,
t; b<u>ite</u>-k, m, qu,
wh, <u>wr</u>; height)
knit (<u>it</u>-b, f, fl, gr,
h, <u>k</u>, l, p, qu,
s, sl, sp, spl, w;
mitt)
knits (<u>its</u>-b, f, gr, h,
k, p, qu, s, sl,
sp, spl, w; it's;
mitts)
kni<u>tt</u>er (b, cr, gl, h,
<u>l</u>, qu, s, tw)
kn<u>ob</u> (b, bl, g, gl, j,
m, r, s, sl, sn,
thr)
kn<u>o</u>ck (bl, c, cl, d,
<u>fl</u>, l, r, s, sh, st)
kn<u>o</u>cks (bl, c, cl, d,
<u>fl</u>, l, r, s, sh; <u>ox</u>-
b, f)
kn<u>o</u>t (bl, c, d, g, h, j,
<u>l</u>, n, p, pl, r, sh,
sp, tr; squ<u>a</u>t-sw;
watt)
kno<u>tt</u>y (sp; h<u>augh</u>ty-n)
kn<u>ow</u> (b, bl, cr, fl,
<u>gl</u>, gr, l, m, r, sl,
sn, t, thr; d<u>oe</u>-h,
t; d<u>ough</u>-th; <u>go</u>-n,
s; <u>oh</u>; owe; sew)
kn<u>ow</u>s (cr, fl, gl, gr,
r, sh, sl, sn, thr;
ch<u>ose</u>-cl, h, n, p,
pr, r, th; clothes;
d<u>oes</u> [deer]-t; d<u>oze</u>-
fr; owes; sews)

knuckle (b, ch)
k<u>o</u>dak (ka·j, at·t, bl,
cr, kn, l, p, qu,
r, sk, sh, sl, sm,
sn, st, t, tr)
k<u>o</u>daks (ka·j; <u>ax</u>-t;
axe; b<u>a</u>cks-<u>bl</u>, cr,
j, l, qu, r, s, sl,
sm, sn, st, t, tr)
l<u>ab</u> (bl, c, cr, d, dr,
gr, j, n, sc, sl, st)
label (<u>able</u>-c, en, f, st,
t)
labor (neighbor)
lace (<u>ace</u>-br, dis·gr, f,
p, <u>pl</u>, r, tr; base-
c, ch, e·r, v)
lack (at·t, b, bl, cr,
<u>kn</u>, p, qu, r, s, sh,
sl, sm, sn, st, t, tr;
kayak-ko·d)
lacked (at·t, cr, s, sm,
st, t, tr; <u>act</u>-f, p,
t)
lacks (at·t, b, bl, cr,
j, qu, r, s, sh, sl,
sm, sn, st, t, tr;
<u>ax</u>-t; axe; kay<u>a</u>ks-
<u>ko</u>·d)
lad (<u>ad</u>-b, c, f, gl, h,
m, p, s; add)
laddie (daddy)
lady (sh)
l<u>ag</u> (b, br, dr, fl, g,
l, n, r, s, sn, t,
w)
laid (<u>aid</u>-a·fr, br, m,
p, r; <u>ade</u>-bl, f, gr,
pa·r, sh, sp, tr, w;
betr<u>aye</u>d-de·c, pl,
st, str; n<u>eigh</u>ed-w;
obeyed)

lain (br, ch, dr, g, gr, m, p, pl, r, re·m, sl, spr, st, str, tr, v; c<u>ane</u>-cr, l, m, pl, s, w; reign; r<u>ein</u>-v)
lake (b, br, c, dr, f, fl, m, qu, r, s, sh, sn, st, t, w; br<u>eak</u>-st)
lamb (<u>am</u>-cl, h, j, pro·gr, r, scr, sl, sw)
lamp (c, ch, cl, cr, d, r, sc, st, tr)
land (<u>and</u>-b, br, com·m, de·m, ex·p, h, s, st; c<u>anned</u>-f, m, pl, sc, t)
lane (c, cr, m, pl, s, w; br<u>ain</u>-ch, dr, g, gr, l, p, pl, r, re·m, sl, st, str, tr, v; reign; r<u>ein</u>-v)
lank<u>y</u> (cr, l)
lap (c, ch, cl, fl, g, m, n, s, scr, sl, sn, str, t, tr, wr)
laps (c, ch, cl, fl, m, r, s, scr, sl, sn, str, t, tr, wr; collapse)
lard (c, gu, h, re·g, y; b<u>arred</u>-j, sc)
large (b, ch)
lark (<u>ark</u>-b, d, em·b, m, p, re·m, sh, sp)
laser (bl<u>azer</u>; razor)
lass (br, cl, gr, m, p, s; al<u>as</u>-g)
lassie (gl<u>assy</u>-s)
last (bl, c, f, m, p, v; passed)
latch (b, c, m, p, scr, sn; attach)
late (<u>ate</u>-cr, cre, d, f, g, m, pl, r, sk, sl, st; b<u>ait</u>-s.tr, tr, w; <u>eight</u>-fr, w; great; straight)
lately (greatly)
laugh (beh<u>alf</u>-ch, h; giraffe; graph; staff)
laughed (cr<u>aft</u>-dr, r)
laughter (<u>after</u>)
law (cl, dr, fl, gn, j, p, r, s, squ, str, th; awe)
lawn (d, dr, f, y; gone; on; swan)
laws (cl, dr, fl, gn, j, p, s, squ, str, th; c<u>ause</u>-cl, p; gauze)
lawyer (s)
l<u>ayer</u> (pl, sl, str; mayor)
lazy (cr, h; daisy)
lead (a·h, br, d, in·st, r, spr, thr, tr; bed-bl, f, fl, l, r, sh, shr, sl, sp, w; said)
lead (b, kn, r; agr<u>eed</u>-bl, br, d, ex·c, f, fr, gr, in·d, n, pro·c, s, sp, suc·c, w; he'd-sh, w)
leader (r; c<u>edar</u>; f<u>eeder</u>-bl, br, w)
leaf (b<u>eef</u>-r; bel<u>ief</u>-br, ch, gr, re·l, th)
league (fatigue)
leak (b, cr, fr, p, sn, sp, squ, str, w; ch<u>eek</u>-cr, p, s, w; ant<u>ique</u>-u·n)
lean (b, cl, m; caffeine;

green-k, qu, s, scr,
t; machine-ma·r,
rou·t, sar·d; scene)
leap (ch, h, r; cheep-
cr, d, j, k, p, s,
sh, sl, st, sw, w)
learn (earn-y; burn-
ch, t)
lease (c, cr, gr; fleece;
geese; niece-p; peace;
police)
leather (f, w; together-
wh)
led (b, bl, f, fl, r, sh,
shr, sl, sp, w;
ahead-br, d, in·st,
l, r, spr, thr, tr;
said)
ledge (edge-dr, h, pl,
sl, w)
left (th)
leg (b, p; egg)
legal (eagle-b)
legion (r)
lend (end-at·t, b, bl,
de·f, fri, in·t, m,
of·f, pre·t, s, sp)
lender (bl, f, m, sl, sp,
sur·r, sus·p, t;
splendor)
length (str)
lenient (con·v)
lens (d, h, p, t, wr;
cleanse; men's-wh)
leopard (peppered;
shepherd)
less (bl, ch, con·f, dr,
gu, m, pr, str,
suc·c; yes)
let (b, du, for·g, fr,
g, j, m, n, p, s, v,
w, y; debt; sweat-thr)
letter (b; sweater)

level (devil)
lever (ever-cl, for, n)
liar (buyer-fr, spr;
desire-f, m, re·qu,
t, um·p, vam·p, w;
choir; drier-fl;
higher)
library (ca·n, sc, v;
carry-m; dairy-f, h;
prairie)
lice (ice-ad·v, d, m, n,
pr, r, sl, sp, tw, v)
lick (br, ch, cl, k, p,
qu, s, sl, st, t, th,
tr, w)
licked (cl, k, n, p, tr;
conflict-con·v, str)
licks (br, ch, k, n, p,
st, t, tr, w; fix-m,
s)
lid (b, d, h, k, r, sk,
sl, squ)
lie (d, p, t; buy-g; by-
cr, fl, fr, m, pr, sh,
sk, sl, sp, spr, tr,
wh; dye-e, l, r;
high-s, th)
lied (cr, d, dr, sp, t,
tr; bride-gl, gu, h,
pr, s, sl, str, t, w;
I'd)
lies (cr, d, de·n, dr,
p, s, sp, t, tr; buys-
g; eyes; prize-s; rise-
w; sighs; whys)
life (f, str, w)
lift (dr, g, s, sh, sw,
thr)
light (br, f, fl, fr, kn,
m, r, s, sl, t; bite-
k, m, qu, wh, wr;
height)
lighter (br, f, t;

writer)
like (b, d, h, m, sp, str, t, tr)
lily (chili; chi<u>lly</u>-f, h, s)
limb (d<u>im</u>-gr, h, r, sk, sl, sw, tr, wh; gym; hymn)
limp (i<u>mp</u>-bl, shr, sk)
limps (i<u>mps</u>-bl, shr, sk; glimpse)
line (d, f, m, n, p, sh, sp, sw, tw; sign)
lined (d, m, wh; b<u>ind</u>-<u>bl</u>, f, gr, k, m, r, w; signed)
link (<u>ink</u>-bl, br, dr, k, m, p, r, s, shr, st, th, w)
linked (<u>inked</u>-bl, w; extinct)
lint (fl, h, m, pr, spl, squ, t)
li<u>p</u> (ch, cl, d, dr, e·qu, fl, gr, h, r, s, sh, sk, sn, str, t, tr, wh, z; gyp)
list (f, m, tw, wr; kissed-m)
listen (g<u>l</u>)
lit (<u>it</u>-b, f, fl, gr, h, k, kn, p, qu, s, sl, sp, spl, w; mitt)
litter (b, cr, gl, h, kn, qu, s, tw)
little (br, wh)
l<u>iver</u> (g, sh, sl)
l<u>izard</u> (w; blizzard-g)
l<u>oad</u> (r, t; c<u>ode</u>-l, r; hoed; o<u>wed</u>-cr, fl, gl, m, r, s, sh, sl, sn, t; sewed)
loader (odor)
loafer (gopher)
loan (gr, m; b<u>one</u>-c, l, ph, st, t, t<u>hr</u>, z; <u>own</u>-bl, fl, gr, sh, t<u>hr</u>; sewn)
lobb<u>y</u> (h)
l<u>ock</u> (bl, c, cl, d, fl, kn, r, s, sh, st)
locker (r, sh; soccer)
locket (p, r)
l<u>ocks</u> (bl, c, cl, d, fl, kn, l, r, s, sh; <u>ox</u>-b. f)
lode (c, r; hoed; load-r, t; o<u>wed</u>-cr, f<u>l</u>, g<u>l</u>, m, r, s̄, s̄h, sl, sn, t; sewed)
log (b, d, f, fr, h, j)
lone (b, c, ph, st, t, thr, z; gr<u>oan</u>-l, m; <u>own</u>-bl, fl, s̄h, thr; sewn)
lonely (only)
l<u>ong</u> (a·l, be·l, g, s, str, wr)
look (b, br, c, cr, h, sh, t)
loo<u>p</u> (c, h, sc, st, sw, tr; group)
loose (ca·b, g, m, n; juice; s<u>pruce</u>-tr; use)
loosed (b<u>oost</u>-r; produced-re·d)
loot (b, h, r, sc, sh, sn, t; br<u>ute</u>-ch, fl, m; fruit-s; route)
lord (sw; b<u>oard</u>-h; b<u>ored</u>-sc, sn, st; horde; roared)
lose (br<u>uise</u>-cr; canoes-sh; choose; d<u>ues</u>-g<u>l</u>; n<u>ews</u>-p, vi; o<u>oze</u>-sn; twos; <u>use</u>-f; w<u>ho</u>'s;

whose; zoos)
loss (a·cr, cr, m, t)
lost (c, fr; tossed)
lot (bl, c, d, g, h, j,
  kn, n, p, pl, r, sh,
  sp, tr; squat-sw;
  watt)
lotion (de·v, e·m, m, n;
  ocean)
loud (cl, l, pr; allowed-
  b, pl, v)
louder (pr; chowder-p)
louse (gr, h, m, sp)
love (a·b, d, gl, sh; of)
lover (c)
low (b, bl, cr, fl, gl,
  gr, kn, m, r, sl,
  sn, t, thr; doe-h, t;
  dough-th; go-n, s;
  oh; owe; sew)
lowly (sl; holy)
loyal (r)
luck (b, cl, d, s, st,
  str, tr)
lucky (d, pl)
lug (b, d, dr, h, j, m,
  pl, r, shr, sl, sm,
  sn, t)
lumber (n, sl)
lump (b, ch, d, h, j,
  p, pl, sl, st, th)
lumpy (b, gr, j)
lunch (b, cr, h, m, p)
lung (fl, h, s, st, str,
  wr; among; tongue;
  young)
lurch (ch; birch; perch;
  search)
lure (c, p, s; tour-y;
  you're)
lurk (clerk-j, p; work)
lye (d, e, r; buy-g;
  by-cr, fl, fr, m, pr,
  sh, sk, sl, sp, spr,
  tr, wh; die-l, p, t;
  high-s, th)

machine (ma·r, rou·t,
  sar·d, bean-cl, l,
  m; caffeine; green-
  k, qu, s, scr, t;
  scene)
machinery (scenery)
mad (ad-b, c, d, f, gl,
  h, l, p, s; add)
made (ade-bl, f, gr,
  pa·r, sh, sp, tr,
  w; aid-a·fr, br, l,
  m, p, r; betrayed-
  de·c, pl, pr, st,
  str; neighed-w;
  obeyed)
magic (tr)
maid (aid-a·fr, br, l,
  p, r; ade-bl, f, gr,
  pa·r, sh, sp, tr, w;
  betrayed-de·c, pl,
  pr, st, str; neighed-
  w; obeyed)
mail (ail-f, h, j, n, p,
  qu, r, s, sn, t, tr;
  bale-g, m, p, s, sc,
  st, t, wh; Braille;
  they'll; veil)
main (br, ch, dr, g, l,
  m, p, pl, r, sl, spr,
  st, str, tr, v; cane-
  cr, l, m, pl, s, w;
  reign; rein-v)
make (b, br, c, dr, f,
  fl, l, qu, r, s, sh,
  sn, st, t; ache;
  break-st)
maker (b, f, sh, t;
  acre; breaker)
male (b, g, p, s, sc,

55

st, t, wh; a<u>i</u>l-f, h, j, m, n, p, qu, r, s, sn, t, tr; Braille; they'll; veil)
mall (<u>a</u>ll-b, c, f, h, sm, st, t, w; cr<u>aw</u>l-spr; haul)
malt (h, s; fault)
mammal (camel)
man (<u>an</u>-b, be·g, c, f, p, pl, r, t, th, v)
mane (c, cr, l, pl, s, w; br<u>ai</u>n-ch, dr, g, gr, l, m, p, pl, r, re·m, sl, spr, st, str, tr, v; reign; r<u>ein</u>-v)
man<u>ger</u> (d, r, str)
man<u>ned</u> (c, f, pl, sc, t; <u>and</u>-b, br, com·m, de·m, ex·p, h, l, s, st)
ma<u>nner</u> (b, pl, t)
many (any; penny)
ma<u>p</u> (c, ch, cl, fl, g, l, n, s, scr, sl, sn, str, t, tr, wr)
ma<u>p</u>le (st)
ma<u>ps</u> (c, ch, cl, l, n, s, str, sl, sn, str, tr, t, wr; collapse)
mar (b, c, gui·t, p, sc, st, t; are)
march (<u>arch</u>-st)
mare (b, c, d, f, fl, gl, h, m, r, sc, sh, sp, squ, st; <u>air</u>-ch, f, h, p; p<u>ear</u>-sw, t, w; prayer; their; th<u>ere</u>-wh)
marine (ma·ch, rou·t, sar·d, b<u>ean</u>-cl, l, m; caffeine; gr<u>een</u>-k, qu, s, scr, t; scene)
mark (<u>ark</u>-b, d, em·b, l, p, re·m, sh, sp)
ma<u>rriage</u> (c)
ma<u>rry</u> (c; canary-li·br, sc, v; d<u>airy</u>-f, h; prairie)
marsh (h)
mar<u>tyr</u> (barter-ch, sm, st)
mash (<u>ash</u>-c, cl, cr, d, fl, h, sm, spl, thr, tr; mustache)
mask (<u>ask</u>-t)
mass (br, cl, gr, l, p, s; alas-g)
mast (bl, c, f, l, p, v; passed)
master (f, pl; pastor)
mat (<u>at</u>-b, br, c, ch, f, gn, h, p, r, s, sc, sp, th)
match (b, c, l, p, scr, sn; attach)
mate (<u>ate</u>-cr, cre, d, f, g, l, pl, r, sk, sl, st; b<u>ai</u>t-str, tr, w; fr<u>eight</u>-w; great; straight)
material (s; cereal)
matter (b, ch, cl, f, fl, sc, sh, spl, t)
may (a·w, b, br, cl, d, g, gr, h, j, p, pl, pr, r, s, sl, spr, st, str, sw, tr, w; gr<u>ey</u>-o·b, pr, th; n<u>eigh</u>-sl, w)
mayor (<u>layer</u>-pl, sl, str)
me (b, h, sh, w; bee-de·gr, f, fl, fr, gl, kn, s, thr, tr; flea-p, pl, s, t; key; ski)

meager (eager)
meal (d, h, r, s, squ,
    st, v, z; eel-f, h,
    kn, p, r, st; he'll-
    sh, w)
mean (b, cl; caffeine;
    green-k, qu, s, scr,
    t; machine-ma·r,
    rou·t, sar·d; scene)
meant (bent-c, d, r, s,
    sc, sp, t, w)
meany (teeny; weeney)
meat (eat-b, ch, h,
    n, tr, wh; athlete;
    beet-f, fl, gr, m,
    sh, sl, str; receipt;
    suite)
meaty (tr; sweetie)
medal (p)
meet (b, f, fl, gr, sh,
    sl, str; athlete; eat-
    b, ch, h, m, n, tr,
    wh; receipt; suite)
melt (b, f, kn)
member (ember-De·c,
    No·v, re·m, Sep·t)
men (d, h, p, t, th,
    wh, wr; again)
mend (end-at·t, b, bl,
    de·p, fri, in·t, l,
    of·f, pre·t, s, sp)
mender (bl, f, l, sl,
    sp, sur·r, sus·p,
    t; splendor)
men's (wh; cleanse;
    dens-h, l, p, t, wr)
mental (r; gentle)
mention (at·t, con·v,
    in·t, in·v, pre·v;
    pension-t)
mercy (controversy)
mere (h; cheer-d, j, p,
    qu, sn, st; ear-ap·p,

cl, d, f, g, h, n,
    r, sm, sp, t, y;
    pier; we're)
merit (in·h)
merrier (t; barrier-c)
merry (b, ch, f; bury;
    stationery-v)
mess (bl, ch, con·f,
    dr, gu, l, pr, str,
    suc·c; yes)
met (b, du, for·g, fr,
    g, j, l, n, p, s, v,
    w, y; debt; sweat-
    thr)
metal (p; kettle-s)
mice (ice-ad·v, d, l, n,
    pr, r, sl, sp, tw,
    v)
middle (f, gr, r)
midget (f; digit)
might (br, f, fl, fr,
    kn, l, n, r, s, sl,
    t; bite-kn, m, qu,
    wh, wr; height)
mighty (fl; nightie)
mike (b, d, h, l, sp,
    str, t, tr)
mild (ch, w; filed-p, sm)
mile (f, p, sm, t, wh;
    aisle; isle; style)
milk (s)
mill (ill-b, ch, d, dr, f,
    g, h, k, p, qu, s,
    shr, sk, sp, st, t,
    thr, w; kiln)
million (b, tr)
mind (b, bl, f, gr, k,
    r, w; dined-l, m,
    wh; signed)
mine (d, f, l, n, p, sh,
    sp, sw, tw; sign)
mined (d, l, wh; bind-
    bl, f, gr, k, m, r,

wr; signed)
miner (d, f, minor;
 signer)
mingle (j, s, sh, t)
mink (ink-bl, br, dr,
 k, l, p, r, s, shr,
 st, th, w)
minor (diner-f, m;
 signer)
mint (fl, h, l, pr,
 spl, squ, t)
mints (h, pr; prince-
 w; rinse)
mirage (garage)
mire (de·s, f, re·qu,
 um·p, vam·p, w;
 buyer-fr, spr;
 choir; drier-fl;
 higher; liar)
miser (w; geyser)
miss (h, k; sis-th)
missed (k, fist-l, m,
 tw, wr)
missile (bristle-gr, th,
 wh)
mist (f, l, tw, wr;
 kissed-m)
mister (bl, s, tw)
mite (b, br, qu, wh,
 wr; bright-f, fl, fr,
 k, kn, l, m, n, r,
 s, sl, t; height)
mitt (it-b, f, fl, gr, h,
 k, kn, l, p, qu, s,
 sl, sp, spl, w)
mitten (b, k, wr)
mitts (its-b, f, gr, h,
 k, kn, p, qu, s, sl,
 sp, spl, w; it's)
mix (f, s; bricks-ch, k,
 l, n, p, st, t, tr, w)
mixed (f)
mixture (f)

moan (gr, l; bone-c, l,
 ph, st, t, thr, z;
 own-bl, fl, gr, sh,
 thr; sewn)
mob (b, bl, g, gl, j,
 kn, r, s, sl, sn,
 thr)
molar (p, s; roller-str)
mold (old-b, c, f, g,
 h, s, sc, t; bowled;
 strolled)
mom (bomb; calm-ps)
momma (c)
money (h; bunny-f, s;
 sonny)
mood (f; chewed-st;
 crude-r; shrewd;
 glued-s)
moon (bal·l, car·t, c,
 co·c, m, n, rac·c,
 s, sp; June-pr, t)
moose (ca·b, g, l, n;
 juice; spruce-tr;
 use)
mop (c, ch, cr, dr,
 fl, h, p, pl, sh, sl,
 st, t; swap)
more (ore-b, ch, ex·pl,
 s, sc, sh, sn, st,
 sw, t, w; door-fl;
 oar-b, r, s; o'er;
 or-n; pour; war)
moss (a·cr, cr, l, t)
mossy (b; posse)
most (gh, h, p; boast-c,
 r, t)
moth (br, cl)
mother (other-a·n, br,
 sm)
motion (de·v, e·m, l, n;
 ocean)
mound (b, f, gr, h, p,
 r, s, w; clowned)

mount (ac·c, a·m, c)
mountain (f)
mounts (ac·c, a·m, c;
 ounce-b, p, pro·n)
mouse (bl, gr, h, l,
 sp)
mouth (s)
move (pr, re·m; you've)
movie (groovy)
mow (b, bl, cr, fl, sl,
 gr, kn, l, r, sl, sn,
 thr; doe-h, t; dough-
 th; go-n, s; oh;
 owe; sew)
mowed (owed-cr, fl, gl,
 r, s, sh, sl, sn, t;
 code-l, r; hoed;
 load-r, t; sewed)
much (s; clutch-cr;
 touch)
mud (b, c, d; blood-fl)
muddle (c, h, p)
muddy (b; bloody;
 study)
muffin (p)
mug (b, d, dr, h, j, l,
 pl, r, shr, sl, sm,
 sn, t)
mule (r; cool-f, p, sch;
 sp, st, t; who'll;
 you'll)
mum (b, ch, dr, g, h,
 pl, s; come-s; crumb-
 d, n, pl, th)
mumble (b, cr, f, gr,
 h, j, r, st, t)
mummy (d, g, t)
munch (b, cr, h, l, p)
murder (herder)
muscle (hustle-r; mussel)
mush (bl, br, cr, fl, h,
 r)
musk (d, t)

muss (c, f; us-b, pl,
 th)
mussel (hustle-r;
 muscle)
must (b, cr, dis·g, j,
 r, thr, tr)
mustache (ash-c, cl,
 cr, d, fl, h, m, sm,
 spl, thr, tr)
mustang (b, cl, g, r,
 s, sl)
mute (br, ch, fl; boot-
 h, l, r, sc, sh, sn,
 t; fruit-s; route)
mutton (b, gl)
muzzle (p)
my (b, cr, fl, fr, pr,
 sh, sk, sl, sp, spr,
 tr, wh; buy-g; die-
 l, p, t; dye-e, l, r;
 high-s, th)
mysterious (s)
myth (with)

nab (bl, c, cr, d, gr,
 j, l, sc, sl, st)
nag (b, br, dr, fl, g,
 l, r, s, sn, t, w)
nail (ail-f, h, j, m, p,
 qu, r, s, sn, t, tr;
 bale-g, m, p, s, sc,
 st, t, wh; Braille;
 they'll; veil)
nap (c, ch, cl, fl, g,
 l, m, s, scr, sl, sn,
 str, t, tr, wr)
napper (fl, tr, wr)
naps (c, ch, cl, fl, l,
 m, s, scr, sl, sn,
 str, t, tr, wr;
 collapse)
narrow (arrow-b, sp)
nation (r, st)

native (cre)
naughty (h; kn<u>otty</u>-sp)
n<u>avy</u> (gr)
near (<u>ear</u>-ap·p, cl, d, f, g, r, sm, sp, t, y; ch<u>eer</u>-d, j, p, qu, sn, st; h<u>ere</u>-m; pier; we're)
neared (ap·p, cl, f, r, sm; beard; ch<u>eer</u>ed-p, sn, st; weird)
neat (<u>eat</u>-b, ch, h, m, tr, wh; athlete; b<u>eet</u>-f, fl, gr, m, sh, sl, str; receipt; suite)
neck (ch, d, fl, p, sp, wr)
necks (ch, d, fl, p, sp, wr; flex)
need (a·gr, bl, br, d, ex·c, f, fr, gr, in·d, pro·c, s, sp, suc·c, w; b<u>ead</u>-kn, l, pl, r; he'd-sh, w)
n<u>eed</u>le (beadle)
n<u>eed</u>y (gr, sp, w)
neglect (col·l, con·n, cor·r, di·r, e·l, ex·p, in·f, ob·j, per·f, pro·j, pros·p, re·fl, re·sp, sel, sub·j)
neigh (sl, w; aw<u>ay</u>-br, cl, d, g, gr, h, j, m, p, pl, pr, r, s, sl, spr, st, str, sw, tr, w; gr<u>ey</u>-o·b, pr, th)
neighbor (labor)
neighed (w; a<u>de</u>-bl, f, gr, pa·r, sh, sp, tr, w; <u>aid</u>-a·fr, br, l, p, r; betr<u>ayed</u>-de·c, pl, pr; obeyed)
neighs (sl, w; am<u>aze</u>-d, gl, gr, h; b<u>ays</u>-d, p, pl, pr, r, spr, st, str, tr, w; phrase; pr<u>aise</u>-r)
neither (either)
nerve (de·s, s, sw; curve)
nest (b, ch, gu, p, r, re·qu, sug·g, t, v, w; bl<u>essed</u>-gu, pr; breast)
net (b, du, for·g, fr, g, j, l, m, p, r, v, w, y; debt; sw<u>eat</u>-thr)
never (<u>ever</u>-cl, for, l)
new (bl, ch, cr, d, dr, f, fl, gr, kn, st, thr, vi; bl<u>ue</u>-c, cl, gl, s, tr; can<u>oe</u>-sh; d<u>o</u>-t, wh; ewe; igl<u>oo</u>-t, z; you)
newly (d<u>uly</u>-tr)
news (p, vi; br<u>uise</u>-cr; can<u>oes</u>-sh; choose; d<u>ues</u>-gl; lose; <u>ooze</u>-sn; twos; <u>use</u>-f; who's; whose; zoos)
next (t)
n<u>ibb</u>le (dr, qu, scr)
nice (<u>ice</u>-ad·v, d, l, m, pr, r, sl, sp, tw, v)
nicked (cl, k, l, p, tr; conflict-con·v, str)
nickel (f<u>ickle</u>-p, t, tr; popsicle)
nicks (br, ch, k, l, p, st, t, tr, w; f<u>ix</u>-m, s)
niece (p; c<u>ease</u>-cr, gr, l; fleece; geese; peace;

60

police)
nifty (f, sh)
night (br, f, fl, fr, kn, l, m, r, s, sl, t; b<u>ite</u>-k, m, qu, wh, wr; height)
nightie (fl<u>ighty</u>-m)
nine (d, f, l, m, p, sh, sp, sw, tw; sign)
no (g, s; b<u>ow</u>-bl, cr, fl, gl, gr, kn, l, m, r, sl, sn, thr; d<u>oe</u>-h, t; d<u>ough</u>-th; <u>oh</u>; owe; sew)
nod (c, G, p, r, tr; applaud; broad; odd; squ<u>ad</u>-w)
noise (p; ann<u>oys</u>-b, bu, de·str, em·pl, j, t)
none (<u>one</u>-d; b<u>un</u>-f, g, n, p, r, s, sp; s<u>on</u>-t, w)
noon (bal·l, car·t, c, co·c, m, rac·c, s, sp; J<u>une</u>-pr, t)
noose (ca·b, g, l, m; juice; spr<u>uce</u>-tr; use)
nor (or; d<u>oor</u>-fl; <u>oar</u>-b, r, s; <u>ore</u>-b, ch, ex·pl, m, s, sc, sh, sn, st, sw, t, w; o'er; pour; war)
normal (f)
nose (ch, cl, p, pr, r, th; clothes; cr<u>ows</u>-fl, gl, gr, kn, r, sh, sl, sn, thr; d<u>oes</u> [deer] -t; d<u>oze</u>-fr; owes; sews)
nosey (r; cozy)
not (bl, c, d, g, h, j, kn, l, p, pl, r, sh, sp, tr; squ<u>at</u>-sw; watt)
note (pro·m, qu, v, wr; b<u>oat</u>-c, fl, g, thr)
notch (watch)
notion (de·v, e·m, l, m; ocean)
noun (br<u>own</u>-cl, cr, d, dr, fr, g, t)
nourish (fl)
November (<u>ember</u>-De·c, m, re·m, Sep·t)
now (<u>ow</u>-al·l, b, br, c, ch, h, pl, s, v, w)
numb (cr, d, pl, th; b<u>um</u>-ch, dr, g, h, m, pl, s; c<u>ome</u>-s)
number (l, sl)
nun (f, g, p, r, s, sp; <u>one</u>-d, n; s<u>on</u>-t, w)
nurse (p; verse; worse)
nursed (burst; f<u>irst</u>-th; worst)
nut (b, c, h, sh, str)
nutty (p)

oak (cl, cr, s; br<u>oke</u>-j, sm, sp, str, y; folk)
oaks (cl, cr, s; c<u>oax</u>-h; folks; j<u>okes</u>-sm, str, y)
oasis (basis)
oath (both; growth)
obey (a<u>way</u>-b, br, cl, d, fr, g, gr, h, j, m, pl, pr, r, s, sl, spr, st, str, sw, tr, w; gr<u>ey</u>-pr, th; n<u>eigh</u>-sl, w)
obeyed (<u>ade</u>-bl, gr, pa·r, sh, sp, tr,

61

w; aid-a·fr, br, l, m, p, r; betrayed-de·c, pl, str)
obeys (amaze-d, gl, gr, h; neighs-w; bays-d, p, pl, pr, r, spr, st, str, tr, w; neighs-sl, w; phrase; praise-r)
object (col·l, con·n, cor·r, dir, e·l, ex·p, in·f, neg·l, per·f, pro·j, pros·p, re·fl, re·sp, sel, sub·j)
occurred (bl; bird-th; heard; word)
ocean (devotion-e·m, l, m, n)
odd (applaud; broad; cod-G, n, p, r, tr; gnawed; squad-w)
odor (loader)
o'er (door-fl; ore-b, ch, ex·pl, m, s, sc, sh, sn, st, sw, t, w; or-n; pour; war)
of (above-d, gl, sh)
off (sc; cough-tr)
offend (end-at·t, b, bl, de·p, fri, in·t, l, m, pre·t, s, sp)
official (ar·t)
often (s; coffin)
oh (bow-bl, cr, fl, gl, gr, kn, m, r, sl, sn, t, thr; doe-h; t; dough-th; go-n, s; owe; sew)
oil (b, c, f, s, sp, t)
old (b, c, f, g, h, m, s, sc, t; bowled; strolled)

older (b, c, sm; shoulder)
on (dawn-dr, f, l, y; gone; swan)
one (d, n; bun-f, g, n, p, r, s, sp; son-t, w)
only (lonely)
ooze (sn; bruise-cr; canoes-sh; choose; dues-gl; lose; news-p, vi; twos; use-f; who's; whose; zoos)
or (n; door-fl; oar-b, r, s; ore-b, ch, ex·pl, m, s, sc, sh, sn, st, sw, t, w; o'er; pour; war)
order (b, re·c)
ore (b, ch, ex·pl, m, s, sc, sh, sn, st, sw, t, w; door-fl; oar-b, r, s; o'er; or-s; pour; war)
other (a·n, br, m, sm)
ouch (c, cr, gr, p, sl, v)
ought (b, br, f, s, th; caught-t)
ounce (b, p, pro·n; accounts-a·m, c, m)
our (fl, h, s, sc; flower-p, sh, t)
out (a·b, b, p, sc, sh, sn, st, tr; doubt)
over (cl, r)
ow (al·l, b, br, c, ch, h, n, pl, s, v, w)
owe (bow-gl, cr, fl, gl, gr, kn, m, r, sl, sn, t, thr; doe-h, t; dough-th; go-n, s; owe; sew)

owed (cr, fl, gl, m, r,
  s, sh, sl, sn, t;
  code-l, r; hoed;
  load-r, t; sewed)
owes (chose-cl, h, n,
  pr, r, th; clothes;
  crows-fl, gl, gr,
  kn, r, sh, sl, sn,
  thr; does [deer] -t;
  doze-fr; sews)
owl (f, gr, h, sc;
  towel-v)
own (bl, fl, gr, sh,
  thr; bone-c, l, ph,
  st, t, thr, z; groan-
  l, m; sewn)
owner (boner)
ox (b, f; blocks-c, cl,
  d, fl, kn, l, r, s,
  sh)
pace (ace-br, dis·gr,
  f, l, pl, r, tr; base-
  c, ch, e·r, v)
pack (at·t, b, bl, cr,
  kn, l, qu, r, s, sh,
  sl, sm, sn, st, t,
  tr; kayak-ko·d)
packet (br, j, r)
packs (at·t, b, bl, cr,
  j, l, qu, r, s, sh,
  sl, sm, sn, st, t,
  tr; kayaks-ko·d)
pact (act-f, t; at-
  tacked-cr, l, s, sm,
  st, t, tr)
pad (ad-b, c, d, f, gl,
  h, l, m, s; add)
paddle (s, str)
page (age-c, r, st, w;
  gauge)
paid (aid-a·f, br, l, m,
  r; ade-bl, f, gr,
  pa·r, sh, sp, tr, w;
  betrayed-de·c, pl,
  st, str; neighed-w;
  obeyed)
pail (ail-f, h, j, m, n,
  qu, r, s, sn, t,
  tr; bale-g, m, p,
  s, sc, st, t, wh;
  Braille; they'll;
  veil)
pain (br, ch, dr, g,
  gr, l, p, pl, r,
  re·m, sl, spr, st,
  str, tr, v; cane-cr,
  l, m, pl, s, w;
  reign; rein-v)
paint (ac·qu, f, qu, s)
pair (air-ch, f, h;
  bare-c, d, f, fl, gl,
  h, m, r, sc, sh, sp,
  squ, st; pear-sw,
  t, w; prayer; their;
  there-wh)
pal (ca·n, cor·r, g;
  shall)
palace (callous)
pale (b, g, m, s, sc,
  st, t, wh; ail-f, h,
  j, m, n, p, qu, r,
  s, sn, t; Braille;
  they'll; veil)
palm (c; bomb; mom)
pamper (c, d, h, sc,
  st, t)
pan (an-b, be·g, c,
  f, m, pl, r, t, th,
  v)
panel (channel-fl)
pant (ant-ch, gr, pl,
  sc, sl; aunt; can't)
pants (ants-pl, sl;
  chance-d, ro·m, tr;
  aunts; expanse)
paper (scr; vapor)

pappy (h, scr, sn)
par (b, c, f, gui·t, m, sc, st, t)
parade (ade-bl, f, gr, sh, sp, tr, w; aid-a·fr, br, l, m, p, r; betrayed-de·c, pl, str; neighed-w; obeyed)
pardon (garden-h)
park (ark-b, d, em·b, l, m, re·m, sh, sp)
parrot (c)
part (art-a·p, c, ch, d, sm, st, t; heart)
pass (br, cl, gr, l, m, s; alas-g)
passed (blast-c, f, l, m, p, v)
passion (fashion)
past (bl, c, f, l, m, v; passed)
paste (h, t, w; chased-e·r; disgaced-re·pl; waist)
pastor (faster-m, pl)
pat (at-b, br, c, ch, f, gn, h, m, r, s, sc, sp, th)
patch (b, c, h, l, m, scr, sn; attach)
pause (c, cl; claws-dr, fl, gn, j, l, p, s, squ, str, th; gauze)
pave (be·h, br, c, g, gr, r, s, sh, sl, w; they've)
paw (cl, dr, fl, gn, j, l, r, s, squ, str, th; awe)
paws (cl, dr, fl, gn, j, l, s, squ, str, th; cause-cl, p; gauze)

pay (a·w, b, br, cl, d, g, gr, h, j, m, pl, pr, r, s, sl, spr, st, str, sw, tr, w; grey-o·b, pr, th; neigh-sl, w)
pays (b, d, pl, pr, r, spr, st, str, tr, w; amaze-d, gl, gr, h; neighs-sl, w; phrase; praise-r)
pea (fl, pl, s, t; be-h, m, sh, w; bee-de·gr, f, fl, fr, gl, kn, s, thr, tr; key; ski)
peace (cease-cr, gr, l; fleece; geese; niece-p; police)
peach (each-b, bl, pr, r, t; screech-sp)
peak (b, cr, fr, l, sn, sp, squ, str, w; cheek-cr, p, s, w; antique-u·n)
pear (sw, t, w; air-ch, f, h, p; bare-c, d, f, fl, gl, h, m, r, sc, sh, sp, squ, st; prayer; their; there-wh)
pearl (curl-h; girl-sw, tw, wh)
peas (fl, pl; bees-f, kn, tr; breeze-fr, sn, squ; cheese; ease-pl, t; he's-sh; seize; skis; trapeze)
pebble (rebel)
peck (ch, d, fl, n, sp, wr)
pecked (ch, fl, wr)
pecks (ch, d, fl, n, sp,

pedal (m)
peek (ch, cr, s, w;
   antique-u·n; beak-
   cr, fr, l, p, sn, sp,
   squ, str, w)
peel (eel-f, h, kn, r,
   st; deal-h, m, r,
   s, squ, st, v, z;
   he'll-sh, w)
peep (ch, cr, d, j, k,
   s, sh, sl, st, sw, w;
   cheap-h, l, r)
peer (ch, d, j, qu, sn,
   st; ear-ap·p, cl, d,
   f, g, h, n, r, sm,
   sp, t, y; here-m;
   pier; we're)
peered (ch, sn, st;
   appeared-cl, f, n,
   r, sm, sp; beard;
   weird)
peg (b, l; egg)
pen (d, h, m, t, th,
   wh, wr; again)
penny (any-m)
pens (h, l, t, wr;
   cleanse; men's-wh)
pension (t; attention-
   con·v, in·t, in·v, m,
   pre·v)
people (steeple)
pep (st)
peppered (leopard;
   shepherd)
per (con·f, h, pre·f,
   re·f; blur-c, f; fir-
   s, st; purr)
perch (birch; church-l;
   search)
perfect (col·l, con·n,
   cor·r, dir, e·l, ex·p,
   in·f, neg·l, ob·j,

pro·j, pros·p, re·
   fl, re·sp, sel,
   sub·j)
perk (cl, j; lurk;
   work)
permit (h)
pest (b, ch, gu, n, r,
   re·qu, sug·g, t, v,
   w; blessed-gu, pr;
   breast)
pet (b, du, for·g, fr,
   g, j, l, m, n, s, v,
   w, y; debt; sweat-
   thr)
petal (m; kettle-s)
pews (n, vi; bruise-cr;
   canoes-sh; choose;
   dues-gl; lose; ooze-
   sn; twos; use-f;
   who's; whose; zoos)
phone (b, c, l, st, t,
   thr, z; groan-l, m;
   own-bl, fl, gr, sh,
   thr; sewn)
phrase (amaze-d, gl,
   gr, h; bays-d, p,
   pl, pr, r, spr, st,
   str, tr, w; neighs-
   sl, w; praise-r)
pick (cl, k, l, n, tr;
   conflict-con·v, str)
picked (cl, k, l, n, tr;
   conflict-con·v, str)
pickle (f, t, tr; nickel;
   popsicle)
picks (br, ch, l, n, st,
   t, tr, w; fix-m, s)
pie (d, l, t; buy-g;
   by-cr, fl, fr, m, sh,
   sk, sl, sp, spr, tr,
   wh; dye-e, l, r;
   high-s, th)
piece (n; cease-cr, gr,

l; fleece; geese;
   peace; police)
p**ier** (ch**ee**r-d, j, p,
   qu, s**n**, st; **ear**-ap·
   p, cl, d, f, g, h,
   n, r, sm, sp, t, y;
   h**ere**-m; we're)
p**ierce** (f)
p**ies** (cr, d, de·n, dr,
   l, sk, sp, t, tr;
   b**uys**-g; eyes; prize-
   s; r**ise**-w; sighs;
   whys)
p**ig** (b, d, f, j, r, tw,
   w)
p**ile** (f, m, sm, t, wh;
   aisle; isle; style)
p**iled** (f, sm; child-m,
   w)
p**ill** (**ill**-b, ch, d, dr,
   f, g, h, k, m, qu,
   s, shr, sk, sp, st,
   t, thr, w; kiln)
p**illow** (w; armadillo)
p**imple** (d, s)
p**in** (**in**-b, ch, gr, k,
   p, s, sh, sk, t, th,
   tw, w; inn)
p**inch** (**inch**-ch)
p**ine** (d, f, l, m, n, sh,
   sp, sw, tw; sign)
p**ink** (**ink**-bl, br, dr,
   k, l, m, r, s, shr,
   st, th, w)
p**inky** (**inky**-st)
p**ipe** (gr, r, str, sw, w;
   type)
p**it** (**it**-b, f, fl, gr, h,
   kn, l, qu, s, sl, sp,
   spl, w; mitt)
p**itch** (**itch**-d, h, st,
   sw, w; rich-wh)
p**its** (**its**-b, f, gr, h,

k, kn, qu, s, sl,
   sp, spl, w; it's;
   mitts)
p**ity** (c; d**itty**-k, w;
   pretty)
place (**ace**-br, dis·gr,
   f, l, p, r, tr; base-
   c, ch, e·r, v)
pl**ain** (br, ch, dr, g,
   gr, l, p, r, re·m,
   sl, spr, st, str, tr,
   v; c**ane**-cr, l, m,
   pl, s, w; reign;
   r**ein**-v)
plan (**an**-b, be·g, c, f,
   m, p, r, t, th, v)
pl**ane** (c, cr, l, m, s,
   w; br**ain**-ch, dr, g,
   gr, l, p, pl, r, re·
   m, sl, spr, st, str,
   tr, v; reign; r**ein**-v)
planet (granite)
plank (b, bl, cr, dr,
   fr, pr, r, s, sp, t,
   th)
planned (c, f, m, sc,
   t; **and**-b, br, com·
   m, de·m, ex·p, h,
   l, s, st)
planner (b, m, t)
plant (**ant**-ch, gr, p,
   sc, sl; aunt; can't)
plants (**ants**-p, sl;
   aunts; chance-d,
   ro·m, tr; expanse)
plaster (f, m; pastor)
plastic (dr, e·l, fan.t,
   sar·c)
plate (**ate**-cr, cre, d, f,
   g, l, m, r, sk, sl,
   st; b**ait**-str, tr, w;
   eight-fr, w; great;

66

straight)
play (a·w, br, cl, d,
   g, gr, h, j, m, p,
   pr, r, s, sl, spr,
   st, str, sw, tr, w;
   grey-o·b, pr, th;
   neigh-sl, w)
played (be·tr, de·c,
   st, str; ade-bl, f,
   gr, pa·r, sh, sp,
   tr, w; aid-a·fr,
   br, l, p, r;
   neighed-w; obeyed)
player (l, sl, str;
   mayor)
plays (b, d, p, pr, r,
   spr, st, str, tr,
   w; amaze-d, gl,
   gr, h; neighs-sl,
   w; phrase; praise-
   r)
plea (fl, p, s, t; be-
   h, m, sh, w; bee-
   de·gr, f, fl, fr,
   gl, kn, s, thr, tr;
   key; ski)
plead (b, kn, l, r;
   agreed-bl, br, d,
   ex·c, f, fr, gr,
   in·d, n, pro·c, s,
   sp, suc·c, w; he'd-
   sh, w)
pleas (fl, p; bees-f,
   kn, tr; breeze-fr,
   sn, squ; cheese;
   ease-pl, t; he's-sh;
   seize; skis;
   trapeze)
please (ease-t; bees-f,
   kn, tr; breeze-fr,
   sn, squ; cheese;
   fleas-p, pl; he's-sh;
   seize; skis;
   trapeze)
pledge (edge-dr, h,
   l, sl, w)
plenty (tw)
plop (c, ch, dr, fl,
   h, m, p, sh, sl,
   st, t; swap)
plopped (ch, fl, st,
   t; adopt; swapped)
plot (bl, c, d, g, h,
   j, kn, l, n, p, r,
   sh, sp, tr; squat-
   sw; watt)
plow (ow-al·l, b, br,
   c, ch, h, n, s, v,
   w)
plowed (al·l, v, w;
   aloud-cl, l, pr)
plucked (b, d, t;
   conduct-in·str)
plucky (d, l)
plug (b, d, dr, h, j,
   l, m, r, shr, sl,
   sm, sn, t)
plum (b, ch, dr, g,
   h, m, s; come-s;
   crumb-d, n, pl,
   th)
plumb (cr, d, n, th;
   bum-ch, dr, g, h,
   m, pl, s; come-s)
plumber (drummer-s)
plume (f; boom-bl, d,
   gr, r; tomb; whom)
plump (b, ch, d, h,
   j, l, p, sl, st, th)
plunder (under-bl, th;
   wonder)
plunge (sponge)
plunk (b, ch, dr, fl,
   j, s, sk, sp, tr)
plus (us-b, th;
   cuss-f, m)

pocket (l, r)
pod (c, G, n, r, tr;
   applaud; broad;
   odd; squad-w)
point (j)
poise (n; annoys-b,
   bu, des·tr, em·pl,
   j, t)
polar (m, s; roller-
   str)
pole (h, r, st, wh;
   bowl; coal-g; con-
   trol; roll-str, tr;
   soul)
police (cease-cr, gr,
   l; fleece; geese;
   niece-p; peace)
pond (be·y, f; blonde;
   wand)
pony (b, st)
pool (c, f, sch, sp,
   st, t; mule-r;
   who'll; you'll)
pop (c, ch, cr, dr,
   fl, h, m, pr, sh,
   sl, st, t; swap)
poppy (ch, fl, sl;
   copy)
popsicle (fickle-p, t,
   tr; nickel)
porch (sc, t)
pork (c, f, st)
port (f, s, sh, sn,
   sp; court; quart-w)
ports (f, s, sh, sn,
   sp; courts; quarts-
   w; quartz)
pose (ch, cl, h, n,
   pr, r, th; clothes;
   crows-fl, gl, gr,
   kn, r, sh, sl, sn,
   thr; does[deer]-t;
   doze-fr; owes; sews)

posse (bossy-m)
post (gh, h, m;
   boast-c, r, t)
poster (boaster-c, t)
pot (bl, c, d, g, h,
   j, kn, l, n, pl, r,
   sh, sp, tr; squat-
   sw; watt)
pouch (ouch-c, cr,
   gr, sl, v)
pounce (ounce-b,
   pro·n; accounts-
   a·m, c, m)
pound (b, f, gr, h,
   m, r, s, w;
   clowned)
pour (door-fl; oar-b,
   r, s; ore-b, ch,
   ex·pl, m, s, sc,
   sh, sn, st, sw, t,
   w; o'er; or-n; war)
pout (out-a·b, b, sc,
   sh, sn, st, tr;
   doubt)
powder (ch; louder-pr)
power (fl, sh, t; our-
   fl, h, s, sc)
prairie (canary-li·br,
   sc, v; carry
   dairy-f, h)
praise (r; amaze-d,
   gl, gr, h; bays-d,
   p, pl, pr, r, spr,
   st, str, tr, w;
   neighs-sl, w;
   phrase)
prank (b, bl, cr, dr,
   fr, pl, r, s, sp, t)
pray (a·w. b. br. cl,
   d, g, gr, h, j, m,
   p, pl, r, s, sl,
   spr, st, str, sw,
   tr; grey-o·b, pr,

th; n<u>eigh</u>-sl, w)
pr<u>ayed</u> (be·tr, de·c,
pl, st, str; <u>ade</u>-bl,
f, gr, pa·r, sh,
sp, tr, w; <u>aid</u>-a·fr,
l, m, p, r; n<u>eighed</u>-
w; obeyed)
prayer (<u>air</u>-ch, f, h,
p; b<u>are</u>-c, d, f, fl,
gl, h, m, r, sc, sh,
sp, squ, st; p<u>ear</u>-
sw, t, w; their;
th<u>ere</u>-wh)
pr<u>ays</u> (b, d, p, pl, r,
spr, st, str, tr,
w; am<u>aze</u>-d, gl, gr,
h; n<u>eighs</u>-sl, w;
phrase; pr<u>aise</u>-r)
preach (<u>each</u>-b, bl, p,
r, t; scr<u>eech</u>-sp)
preacher (bl, t;
cr<u>eature</u>-f)
prefer (con·f, h, p,
re·f; bl<u>ur</u>-c, f;
f<u>ir</u>-s, st; purr)
pre<u>sident</u> (r)
press (bl, ch, con·f,
dr, gu, l, m, str,
suc·c; yes)
pr<u>essed</u> (bl, gu; b<u>est</u>-
ch, gu, n, p, r,
re·qu, sug·g, t, v,
w; breast)
pretend (<u>end</u>-at·t, b,
bl, de·p, fri, in·t,
l, m, of·f, s, sp)
pretty (ci<u>ty</u>-p; di<u>tty</u>-k,
w)
pre<u>vention</u> (at·t, con·v,
in·t, m; p<u>ension</u>-t)
pr<u>ey</u> (gr, o·b, th;
aw<u>ay</u>-b, br, cl, d,
g, gr, h, j, m, p,

pl, pr, r, s, sl,
spr, st, str, sw, tr,
w; n<u>eigh</u>-sl, w)
price (<u>ice</u>-ad·v, d, l,
m, n, r, sl, sp, tw,
v)
pr<u>ide</u> (br, gl, gu, h,
s, sl, str, t, w;
cr<u>ied</u>-d, dr, l, sp,
.t, tr; I'd)
prime (ch, cr, g, sl, t;
climb; I'm; rhyme)
prince (w; h<u>ints</u>-m, pr;
rinse)
print (fl, h, l, m, spl,
squ, t)
printer (w)
pr<u>ints</u> (h, m; pr<u>ince</u>-w;
rinse)
prison (risen)
prize (s; b<u>uys</u>-g; cr<u>ies</u>-
d, de·n, dr, l, sk,
sp, t, tr; eyes;
r<u>ise</u>-w; sighs; whys)
proc<u>eed</u> (a·gr, bl, br,
d, ex·c, f, fr, gr,
in·d, n, n, sp,
suc·c, w; bead-kn,
l, pl, r; he'<u>d</u>-sh, w)
prod<u>uced</u> (re·d; b<u>oost</u>-
r; loosed)
program (am-cl, h, j,
r, scr, sl, sw; lamb)
project (col·l, con·n,
cor·r, dir, e·l, ex·p,
in·f, neg·l, ob·j,
per·f, pros·p, re·fl,
res·p, sel, sub·j)
prom<u>ote</u> (n, qu, v,
wr; b<u>oat</u>-c, fl, g,
thr)
pronounce (<u>ounce</u>-b, p;
acc<u>ounts</u>-a·m, c, m)

proof (g, sp)
propeller (dw, s, sp, t;
　cellar)
prose (ch, cl, h, n, p,
　r, th; clothes;
　crows-fl, gl, gr, kn,
　r, sh, sl, sn, thr;
　does [deer] -t; doze-
　fr; owes; sews)
prospect (col·l, con·n,
　cor·r, dir, e·l,
　ex·p, in·f, neg·l,
　ob·j, per·f, pro·j,
　re·fl, res·p, sel,
　sub·j)
proud (cl, l; allowed-b,
　pl, v)
prouder (l; chowder-p)
prove (m, re·m; you've)
prune (J, t; balloon-
　car·t, coc·c, m, n,
　rac·c, s, sp)
pry (b, cr, fl, fr, m,
　sh, sk, sl, sp, spr,
　tr, wh; buy-g; die-
　l, p, t; dye-e, l, r;
　high-s, th)
psalm (c; bomb, mom)
puddle (c, h, m)
puff (bl, c, fl, gr, sc,
　sn, st; enough-r, t)
puffin (m)
pull (b, f; wool)
pump (b, ch, d, h, j,
　l, pl, sl, st, th)
pun (b, f, g, n, r, s,
　sp; one-d, n; son-t,
　w)
punch (b, cr, h, l, m)
punt (b, bl, gr, h, r,
　st; front)
punting (b, gr, h)
pup (up-c)

puppy (g)
pure (c, l, s; tour-y;
　you're)
purr (blur-c, f; confer-
　h, p, pre·f, re·f;
　fir-s, st)
purse (n; verse; worse)
put (foot)
putty (n)
puzzle (m)

quack (at·t, b, bl, cr,
　kn, l, p, r, s, sh,
　sl, sm, sn, st, t, tr;
　kayak-ko·d)
quacks (at·t, bl, cr, j,
　l, p, r, s, sh, sl,
　sm, sn, st, t, tr;
　ax-t; axe; kayaks-
　ko·d)
quail (ail-f, h, j, m, n,
　p, r, s, sn, t, tr;
　ale-b, g, m, p, s,
　sc, st, t, wh; Braille;
　they'll; veil)
quaint (ac·qu, f, p, s)
quake (b, br, c, dr, f,
　fl, n, r, s, sh, sn,
　st, t, w; ache; break-
　st)
quarry (sorry)
quart (w; court; fort-p,
　s, sh, sn, sp)
quarts (w; courts; forts-
　p, s, sh, sn, sp;
　quartz)
quartz (courts; forts-p,
　s, sh, sn, sp;
　quarts-w)
queen (gr, k, s, scr, t;
　bean-cl, l, m;
　caffeine; machine-
　ma·r, rou·t, sar·d;

scene)
queer (ch, d, j, p, sn, st; ear-ap·p, cl, d, f, g, h, n, r, sm, sp, t, y; here-m; pier; we're)
quench (b, c, dr, tr, wr)
quibble (dr, n, scr)
quick (br, ch, cl, k, l, p, s, sl, st, t, th, tr, w)
quiet (d; riot)
quill (ill-b, ch, d, dr, f, g, h, k, m, p, s, shr, sk, sp, st, t, thr, w; kiln)
quit (it-b, f, fl, gr, h, k, kn, l, p, s, sl, sp, spl, w; mitt)
quite (b, k, m, wh, wr; bright-f, fl, fr, kn, l, m, n, r, s, sl, t)
quits (its-b, f, gr, h, k, kn, p, s, sl, sp, spl, w; it's; mitts)
quitter (b, cr, gl, h, kn, l, s, tw)
quote (n, pro·m, v, wr; boat-c, fl, g, thr)
rabbit (habit)
raccoon (bal·l, car·t, co·c, m, n, s, sp; June-pr, t)
race (ace-br, dis·gr, f, l, p, pl, tr; base-c, ch, e·r, v)
rack (at·t, b, bl, cr, kn, l, p, qu, s, sh, sl, sm, sn, st, t, tr; kayak-ko·d)
racket (br, j, p)
racks (b, bl, cr, j, l, p, qu, s, sh, sl, sm, sn, st, t, tr; ax-t; axe; kayaks-ko·d)
raft (cr, dr; laughed)
rag (b, br, dr, fl, g, l, n, r, s, sn, t, w)
rage (age-c, p, st, w; gauge)
raid (aid-a·fr, br, l, m, p; ade-bl, f, gr, pa·r, sh, sp, tr, w; betrayed-de·c, pl, pr, str; neighed-w; obeyed)
rail (ail-f, h, j, m, n, p, qu, s, sn, t, tr; bale-g, m, p, s, sc, st, t, wh; Braille; they'll; veil)
rain (br, ch, dr, g, gr, l, p, pl, re·m, sl, spr, st, str, tr, v; cane-cr, l, m, pl, s, w; reign; rein-v)
raise (pr; amaze-d, gl, gr, h; bays-d, p, pl, pr, r, spr, st, str, tr, w; neighs-sl, w; obeys; phrase)
rake (b, br, c, dr, f, fl, l, m, qu, s, sh, sn, st, t, w; ache; break-st)
rally (d; galley-v)
ram (am-cl, h, j, pro·gr, scr, sl, sw; lamb)

71

ramble (g, scr)
ramp (c, ch, cl, cr, d, l, sc, st, tr)
ran (an-b, be·g, c, f, m, p, pl, t, th, v)
ranch (br, ch)
rang (b, cl, g, mus·t, s, sl)
range (ch, str)
ranger (d, m, str)
rank (b, bl, cr, dr, fr, pl, pr, s, sp, t, th)
rare (b, c, d, f, fl, gl, h, m, sc, sh, sp, squ, st; air-ch, f, h, p; pear-sw, t, w; prayer; their; there-wh)
rat (at-b, br, c, f, gn, h, m, p, s, sc, sp, th)
rate (ate-cr, cre, d, f, g, l, m, pl, r, sk, sl, st; bait-str, tr, w; eight-fr, w; great; straight)
ration (n, st)
rattle (b, c, t)
ravage (s)
rave (be·h, br, c, g, gr, p, s, sh, sl, w; they've)
raw (cl, dr, fl, gn, j, l, p, s, squ, str, th; awe)
ray (a·w, b, br, cl, d, g, gr, h, j, m, p, pl, pr, s, sl, spr, st, str, sw, tr; grey-o·b, pr, th; neigh-sl, w)
rays (b, d, p, pl, pr, spr, st, str, tr, w;

amaze-d, gl, gr, h; neighs-sl, w; obeys; phrase; praise-r)
razor (blazer; laser)
razz (j; has)
razzle (d)
reach (each-b, bl, p, pr, t; screech-sp)
read /short e/ (a·h, br, d, in·st, l, spr, thr, tr; bed-bl, f, fl, l, sh, shr, sl, sp, w; said)
read/long e/ (b, kn, l, pl; agreed-bl, br, d, ex·c, f, fr, gr, in·d, n, pro·c, s, sp, suc·c, w; he'd-sh, w)
reader (l; feeder-bl, br, w; cedar)
ready (al·r, st)
real (d, h, m, s, squ, st, v, z; eel-f, kn, p, r, st; he'll-sh, w)
reap (ch, h, l; cheep-cr, d, j, k, p, s, sh, sl, st, sw, w)
rear (ear-ap·p, cl, d, f, g, h, n, sm, sp, t, y; cheer-d, j, p, qu, sn, st; here-m; pier; we're)
reared (ap·p, cl, f, n, sm, sp; beard; cheered-p, sn, st; weird)
reason (s, tr)
rebel (pebble)
rebel (ex·p, ho·t; bell-c, d, dw, f, s, sh, sm, sp, sw, t, w, y;

72

belle-ga·z)
receipt (athlete; beet-
f, fl, gr, m, sh, sl,
str; eat-b, ch, m,
n, tr, wh; suite)
receive (con, de;
achieve-be·l, gr,
re·l, re·tr; we've)
receiver (de; achiever-
be·l, re·tr; fever)
recent (d)
recorder (order-b)
red (b, bl, f, fl, l, sh,
shr, sl, sp, w;
ahead-br, d, h,
in·st, l, r, spr, thr,
tr; said)
redder (cheddar;
spreader-thr)
reduced (pro; boost-r;
loosed)
reef (b; belief-br, ch,
gr, re·l, th; leaf)
reel (eel-f, h, kn, p,
st; deal-h, m, r, s,
squ, st, v, z; he'll-
sh, w)
refer (con·f, h, p,
pre·f; blur-c, f; fir-
s, st; purr)
reflect (col·l, con·n,
cor·r, dir, e·l, ex·p,
in·f, neg·l, ob·j,
per·f, pro·j, pros·p,
re·sp, sel, sub·j)
regard (c, gu, h, l, y;
barred-j, sc)
region (l)
reign (brain-ch, dr, g,
gr, l, p, pl, r, re·m,
sl, st, str, tr, v;
cane-cr, m, pl, s, w;
rein-v)

rein (v; brain-ch, dr,
g, gr, l, p, pl, r,
re·m, sl, st, str,
tr, v; cane-cr, m
pl, s, w; reign)
rejoice (ch, v)
relief (be·l, br, ch,
gr, th; beef-r; leaf)
relieve (a·ch, be·l, gr,
re·tr; conceive-de,
re; we've)
remain (br, ch, dr, g,
gr, l, p, pl, r, sl,
st, str, tr, v; cane-
cr, m, pl, s, w;
reign; rein-v)
remark (ark-b, d, em·
b, l, m, p, sh, sp)
remember (ember-Dec,
m, No·v, Sep·t)
remove (m, pr; you've)
rent (b, c, d, s, sc,
sp, t, w; meant)
rental (m; gentle)
renter (enter-c; in-
ventor)
rents (c, d, sc, t;
dense-ex·p, im·m, s,
sus·p, t; fence-h)
repeater (eater-ch, h;
sweeter)
replaced (dis·gr;
chased-e·r; haste-p,
t, w; waist)
request (b, ch, gu, n,
p, r, sug·g, t, v,
w; blessed-gu, pr;
breast)
require (des, f, m, t,
um·p, vam·p, w;
buyer-fr; choir;
drier-fl; higher; liar;
spryer)

resident (pr)
respect (col·l, con·n, cor·r, dir, e·l, ex·p, in·f, neg·i, ob·j, per·f, pro·j, pros·p, re·fl, sel, sub·j)
rest (b, ch, gu, n, p, re·qu, sug·g, t, v, w; blessed-gu, pr; breast)
result (a·d, in·s)
retrieve (a·ch, be·l, gr, re·l; conceive-de, re; we've)
retriever (a·ch, be·l; deceiver-r; fever)
revolt (c, j)
rhyme (chime-cr, d, gr, pr, sl, t; climb; I'm)
rice (ice-ad·v, d, l, m, n, pr, sl, sp, tw, v)
rich (wh; itch-d, h, p, st, sw, w)
rid (b, d, h, k, l, sk, sl, squ)
riddle (f, gr, m)
rider (c, sp, w)
ridge (br)
rifle (tr)
rig (b, d, f, p, tw, w)
right (br, f, fl, fr, kn, l, m, n, s, sl, t; bite-k, m, qu, wh, wr; height)
rim (d gr, h, sk, sl, sw, tr, wh; gym; hymn; limb)
rind (b, bl, f, gr, k, m, w; dined-l, m, wh; signed)
ring (br, cl, fl, k, s, spr, st, str, sw, th, w)

rink (ink-bl, br, dr, k, l, m, p, s, shr, st, th, w)
rinse (hints-m, pr; prince-w)
riot (diet-qu)
rip (ch, cl, d, dr, e·qu, fl, gr, h, l, s, sh, sk, sn, str, t, tr, wh, z; gyp)
ripe (gr, p, str, sw, w; type)
rise (w; buys-g; cries-d, de·n, l, sk, sp, t, tr; dyes-e; prize-s; sighs; whys)
risen (prison)
risky (fr)
rival (ar·r, sur·v)
river (l, sh, sl)
road (l, t; code-l, r; hoed; owed-cr, fl, gl, m, r, s, sh, sl, sn, t; sewed)
roam (f; comb; home)
roar (oar-b, s; ore-b, ch, ex·pl, m, s, sc, sh, sn, st, sw, t, w; door-fl; o'er; or-n; pour; war)
roared (board-h; bored-sc, sn, st; horde; lord-sw)
roast (b, c, t; ghost-h, m, p)
rob (b, g, gl, j, kn, n, s, sl, sn, thr)
robe (gl)
robin (bobbin)
rock (bl, c, cl, d, fl, kn, l, s, sh, st)
rocker (l, sh; soccer)
rocket (l, p)

rocks (bl, cl, d, fl, kn, l, s, sh; ox-b, f)
rocky (c; hockey-j)
rod (c, G, n, p, tr; applaud; broad; odd; squad-w)
rode (c, l; hoed; load-r, t; owed-cr, fl, gl, m, r, s, sh, sl, sn, t; sewed)
role (h, p, st, wh; bowl; coal-g; control; roll-str, tr; soul)
roll (str, tr; bowl; coal-g; control; hole-p, r, st, wh; soul)
roller (str; molar-p, s)
romance (ch, d, tr; ants-p, pl, sl; aunts; expanse)
romantic (antic-fr, gi·g)
room (b, bl, br, gr, r; fume-pl; tomb; whom)
roomy (gl)
roost (b; loosed; produced-re)
rooster (b)
root (b, h, l, sc, sh, sn, t; brute-ch, fl, m; fruit-s; route)
rope (d, h, sl; soap)
rose (ch, cl, h, n, p, pr, th; clothes; crows-fl, gl, gr, kn, r, sh, sn, thr; does[deer]-t; doze-fr; owes; sews)
rosy (cozy; nosey)
rot (bl c, d, g, h, j, kn, l, n, p, pl, sh, sp, tr; squat-sw; watt)
rotten (cotton)
rough (e·n, t; bluff-c, fl, gr, p, sc, sn, st)
rougher (t; bluffer)
round (b, f, gr, h, m, p, s, w; clowned)
route (boot-h, l, r, sc, sh, sn, t; brute-ch, fl, m; fruit-s)
routine (ma·ch, ma·r, sar·d; bean-cl, l, m; caffeine; green-k, qu, s, scr, t; scene)
rover (over-cl)
row (b, bl, cr, fl, gl, gr, kn, l, m, sl, sn, t, thr; doe-h, t; dough-th; go-n, s; oh; owe; sew)
rowdy (h; cloudy)
rowed (owed-cr, fl, gl, m, s, sh, sl, sn, t; code-l, r; hoed; load-r, t; sewed)
rows (cr, fl, gl, gr, kn, sh, thr; chose-cl, h, n, p, pr, th; clothes; does[deer]-t; doze-fr; owes; sews)
royal (l)
rub (c, cl, h, s, scr, sn, st, t)
rubber (bl)
rubble (b, st; double-tr)
rudder (udder-sh)

rude (cr; chewed-st;
 food-m; shrewd;
 glued-s)
ruffle (sc, sh)
rug (b, d, dr, h, j, l,
 m, pl, shr, sl, sm,
 sn, t)
rule (m; cool-f, p, sch,
 sp, st, t; who'll;
 you'll)
ruler (cooler)
rumble (b, cr, f, gr,
 h, j, m, st, t)
rumor (h)
run (b, f, g, n, p, s,
 sp; one-d, n; son-
 t, w)
runt (b, bl, gr, h, p,
 st; front)
rush (bl, br, cr, fl, h,
 m)
rust (b, cr, d, dis·g,
 j, m, thr, tr)
rustle (h; muscle;
 mussel)
rusty (d, g, tr)
rut (b, c, h, n, sh,
 str)
ruthless (toothless)
rye (d, e, l; buy-g;
 by-cr, fl, fr, m, pr,
 sh, sk, sl, sp, spr,
 tr, wh; die-l, p, t;
 high-s, th)

sack (at·t, b, bl, cr,
 kn, l, p, qu, r, sh,
 sl, sm, sn, st, t, tr;
 kayak-ko·d)
sacked (at·t, cr, l, sm,
 sn, st, t, tr; act-f,
 p, t)
sacks (b, bl, cr, j, l,
 p, qu, r, sh, sl,
 sm, sn, st, tr;
 ax-t; axe; kayaks-
 ko·d)
sad (ad-b, c, d, f,
 gl, h, l, m, p;
 add)
saddle (p, str)
sag (b, br, dr, fl, g,
 l, n, r, s, sn, t,
 w)
said (bed-bl, f, fl, l,
 r, sh, shr, sl, sp,
 w; ahead-br, d, h,
 in·st, l, r, spr,
 thr, tr)
sail (ail-f, h, j, m, n,
 p, qu, r, sn, t, tr;
 bale-g, m, p, s, sc,
 st, t, wh; Braille;
 they'll; veil)
saint (ac·qu, f, p, qu)
sake (b, br, c, dr, f,
 fl, l, m, qu, r, sh,
 sn, st, t, w; break-
 st)
salad (ballad; valid)
salary (gallery)
sale (b, g, m, p, sc,
 st, t, wh; ail-f, h,
 j, m, n, p, qu, r,
 s, sn, t; Braille;
 they'll; veil)
salt (h, m; fault)
sample (ample-ex, tr)
sand (and-b, br,
 com·m, de·m, ex·p,
 h, l, st; canned-f,
 m, pl, sc, t)
sandal (sc; candle-h)
sandy (c, d, h)
sane (c, cr, m, pl, w;
 brain-ch, dr, g, gr,

l, p, pl, r, re·m,
sl, st, str, tr, v;
reign; rein-v)
sang (b, cl, g, mus·t,
r, sl)
sank (b, bl, cr, dr,
fr, pl, pr, r, sp,
t, th)
sap (c, cl, fl, g, l, m,
n, scr, sl, sn, str,
t, tr, wr)
saps (c, ch, fl, l, m,
n, scr, sn, str, tr,
wr; collapse)
sarcastic (dr, e·l,
fan·t, pl)
sardine (ma·ch, ma·r,
rou·t; bean-cl, l,
m; caffeine; green-
k, qu, s, scr, t;
scene)
sass (br, cl, gr, l, m,
p, s; alas-g)
sassy (gl; lassie)
sat (b, br, c, ch, f,
gn, h, m, p, r, sc,
sp, th)
savage (r)
save (be·h, br, c, g,
gr, p, r, sh, sl, w;
they've)
saver (br, sh, sl;
favor-fl)
savior (be·h)
saw (cl, dr, fl, gn, j,
l, p, r, squ, str,
th; awe)
saws (cl, dr, fl, gn, j,
l, p, squ, str, th;
cause-cl p; gauze)
sawyer (l)
say (a·w, b, br, cl, d,
g, gr, h, j, m, p,
pl, pr, r, sl, spr,
st, str, sw, tr, w;
grey-o·b, pr, th;
neigh-sl, w)
scab (bl, c, cr, d, dr,
gr, j, l, n, sl, st)
scald (b; called-st;
crawled-spr; hauled)
scale (b, g, m, p, s,
st, t, wh; ail-f, h,
j, m, n, p, qu, r,
s, sn, t; Braille;
they'll; veil)
scamp (c, ch, cl, cr, d,
l, r, st, tr)
scamper (c, d, h, p,
st, t)
scandal (s; candle-h)
scanned (c, f, m, pl, t;
and-b, br, com·m,
de·m, ex·p, h, l, s,
st)
scant (ant-ch, gr, p,
pl, sl; aunt; can't)
scar (b, c, gui·t, p, st,
t; are)
scare (b, c, d, f, fl,
gl, h, m, r, sh, squ,
st; air-ch, f, h, p;
pear-sw, t, w; pray-
er; their; there-wh)
scarred (b, j; card-gu,
h, l, re·g, y)
scary (ca·n, li·br, v;
carry-m; dairy-f, h)
scat (at-b, br, c, ch,
f, gn, h, m, p, r,
s, sp, th)
scatter (b, ch, cl, f, fl,
m, sh, spl, t)
scene (bean-cl, l, m;
caffeine; green-k, qu,
s, scr, t; machine-ma·

r, rou·t, sar·d)
scenery (machinery)
scent (b, c, d, r, s, sp, t, w; meant)
scents (c, d, r, t; dense-ex·p, im·m, in·t, s, sus·p, t; fence-h)
scheme (ex·tr, su·p, th; beam-cr, dr, gl, s, scr, st, str, t; seem)
scholar (collar-d; holler)
school (c, f, p, sp, st, t; mule-r; who'll; you'll)
science (clients; defiance; giants)
scoff (off; cough-tr)
scold (old-b, c, f, g, h, m, s, t; bowled; strolled)
scoop (c, h, l, st, sw, tr; group)
scooper (sn, tr; super)
scoot (b, h, l, r, sh, sn, t; brute-ch, fl, m; fruit-s; route)
scorch (p, t)
score (ore-b, ch, ex·pl, m, s, sh, sn, st, sw, t, w; door-fl; oar-b, r, s; o'er; or-n; pour; war)
scored (b, sn, st; board-h; horde; lord-sw; roared)
scorn (b, c, h, th, w)
scour (our-fl, h, s; flower-p, sh, t)
scoured (coward; showered-p, t)

scout (out-a·b, b, p, sh, sn, st, tr; doubt)
scowl (owl-f, gr, h; foul; towel-v)
scram (am-cl, h, j, pro·gr, r, sl, sw; lamb)
scramble (amble-g, r)
scrap (c, cl, fl, g, l, m, n, s, sl, sn, str, t, tr, wr)
scrape (ape-c, dr, es·c, gr, sh, t; crepe)
scraper (p; vapor)
scrappy (h, p, sn)
scraps (c ch, fl, l, m, n, s, sl, sn, str, tr, wr; collapse)
scratch (b, c, h, l, m, p, sn; attach)
scream (b, cr, dr, gl, s, st, str, t; extreme-sch, su·pr, th; seem)
screen (gr, k, qu, s, t; bean-cl, l, m; caffeine; machine-ma·r, rou·t, sar·d; scene)
screech (each-b, bl, p, pr, r, t; speech)
scribble (dr, n, qu)
scrub (c, cl, fl, gr, r, s, sn, st, t)
scuff (bl, c, fl, gr, p, sn, st; enough-r, t)
scuffle (r, sh)
sea (fl, p, pl, t; be-h, m, sh, w; bee-de·gr, f, fl, fr, gl, kn, s, thr, tr; key; ski)
seal (d, h, m, r, squ, st, v, z; eel-f, h, kn, p, r, st; he'll-sh, w)
sealed (h, squ; field-sh,

78

w, y; kneeled)
seam (b, cr, dr, gl,
  scr, st, str, t;
  extr<u>e</u>me-sch, su·pr,
  th; s<u>ee</u>m)
search (birch; ch<u>ur</u>ch-
  l; p<u>er</u>ch)
season (r, tr)
see (b, de·gr, f, fl,
  fr, gl, kn, thr, tr;
  b<u>e</u>-h, m, sh, w;
  fl<u>ea</u>-p, pl, s, t;
  k<u>ey</u>; ski)
seed (a·gr, bl, gr, d,
  ex·c, f, fr, gr,
  in·d, n, pro·c, sp,
  suc·c, w; b<u>ea</u>d-kn,
  l, pl, r; he'd-sh, w)
seek (ch, cr, p, w;
  anti<u>que</u>-u·n; b<u>ea</u>k-cr,
  fr, l, p, sn, sp,
  squ, str, w)
seem (b<u>ea</u>m-cr, dr, gl,
  s, scr, st, str, t;
  extr<u>e</u>me-sch, su·pr,
  th)
seen (gr, k, qu, scr,
  t; b<u>ea</u>n-cl, m;
  caff<u>ei</u>ne; mach<u>i</u>ne-
  ma·r, rou·t, sar·d;
  sc<u>e</u>ne)
seep (ch, cr, d, j, k,
  sh, sl, st, sw, w;
  ch<u>ea</u>p-h, l, r)
seize (b<u>ee</u>s-f, kn, tr;
  br<u>ee</u>ze-fr, sn, squ;
  ch<u>ee</u>se; <u>ea</u>se-pl, t;
  fl<u>ea</u>s-p, p<u>l</u>; he's-sh;
  sk<u>i</u>s; trap<u>e</u>ze)
select (col·l, con·n,
  c<u>o</u>r·r, dir, e·l, ex·p,
  in·f, neg·l, ob·j,
  per·f, pro·j, pros·p,

re·fl, res·p,
  sub·j)
self (<u>elf</u>-sh)
sell (b, c, d, dw, f,
  sh, sm, sp, sw, t,
  w, y; b<u>e</u>lle-ga·z;
  exp<u>e</u>l-ho·t, re·b)
seller (dw, pro·p, sp,
  t; c<u>e</u>llar)
selves (<u>elves</u>-sh)
send (<u>end</u>-at·t, b, bl,
  de·p, fri, in·t, l,
  m, of·f, pre·t, sp)
sense (d, ex·p, im·m,
  in·t, sus·p, t;
  c<u>e</u>nts-d, r, sc;
  f<u>e</u>nce-h)
sensed (against; fenced)
sent (b, c, d, r, sc,
  sp, t, w; meant)
September (<u>ember</u>-De·c,
  m, No·v, re·m)
serial (ma·t; cereal)
serious (mys·t)
sermon (determine)
serve (de·s, n, sw;
  c<u>u</u>rve)
set (b, du, for·g, fr,
  g, j, l, m, n, p, v,
  w, y; debt; sw<u>ea</u>t-
  thr)
settle (k; m<u>e</u>tal-p)
sew (bow-bl cr, fl, gl,
  gr, kn, l, m, r, sl,
  sn, thr; d<u>oe</u>-h, t;
  d<u>ough</u>-th; g<u>o</u>-n, s;
  <u>oh</u>; <u>owe</u>)
sewed (c<u>o</u>de-l, r; hoed;
  l<u>oa</u>d-r, t; <u>owed</u>-cr,
  fl, gl, m, r, s, sh,
  sl, sn, t)
sewn (b<u>o</u>ne-c, l, ph,
  st, t, thr, z; gr<u>oa</u>n-

79

l, m; own-bl, fl,
   gr, sh, thr)
sews (chose-cl, h, n,
   p, pr, r, th;
   clothes; crows-fl,
   gl, gr, kn, r, sh,
   sl, sn, thr; does
   [deer]-t; doze-fr;
   owes)
shabby (cr, fl, g, gr)
shack (at·t, b, bl, cr,
   kn, l, p, qu, r, s,
   sl, sm, sn, st, t,
   tr; kayak-ko·d)
shacks (at·t, b, bl, cr,
   j, l, qu, r, s, sl,
   sm, sn, st, t, tr;
   ax-t; axe; kayaks-
   ko·d)
shade (ade-bl, f, gr,
   pa·r, sp, tr, w;
   aid-a·fr, br, l, m,
   p, r; betrayed-de·c,
   pl, pr, st, str;
   neighed-w; obeyed)
shady (l)
shake (b, br, c, dr, f,
   fl, l, m, qu, r, s,
   sn, st, t, w; ache;
   break-st)
shaken (for·s, w;
   bacon)
shaker (b, f, m, t;
   acre; breaker)
shall (canal-cor·r, g, p)
shape (ape-c, dr, es·c,
   gr, scr, t; crepe)
share (b, c, f, fl, gl,
   h, m, r, sc, sp,
   squ, st; air-ch, fl,
   h, p; pear-sw, t, w;
   prayer; their; there-
   wh)

shark (ark-b, d,
   em·b, l, m, p,
   re·m, sp)
sharp (c, h, t)
shatter (b, ch, cl, f,
   fl, m, sc, spl, t)
shave (be·h, c, g, gr,
   p, r, s, sl, w;
   they've)
shaver (br, s, sl;
   favor-fl)
she (b, h, m, w; bee-
   de·gr, f, fl, fr, gl,
   kn, s, thr, tr; flea-
   p, pl, s, t; key;
   ski)
sheckle (fr, h)
shed (b, bl, f, fl, l,
   r, shr, sl, sp, w;
   ahead-br, d, h,
   in·st, l, r, sp, thr,
   tr; said)
she'd (h, w; bead-kn,
   l, pl, r; agreed-bl,
   br, d, ex·c, f, fr,
   gr, in·d, n, pro·c,
   s, sp, suc·c, w)
sheep (ch, cr, d, j, k,
   p, s, sl, st, sw, w;
   cheap-h, l, r)
sheet (b, f, fl, gr, m,
   sl, str; athlete; eat-
   b, ch, h, m, n, tr,
   wh; receipt; suite)
shelf (elf-s)
shell (b, c, d, dw, f,
   s, sm, sp, sw, t, w,
   y; belle-ga·z; expel-
   ho·t, re·b)
she'll (h, w; deal-h, m,
   r, s, squ, st, v, z;
   eel-f, h, kn, p, r,
   st)

80

shelled (he<u>ll</u>ed-w)
shelter (s<u>m</u>, sw)
she<u>l</u>ve (tw)
she<u>ph</u>erd (leopard; peppered)
she's (h; b<u>ee</u>s-f, kn, tr; br<u>ee</u>ze-fr, sn, squ; cheese; ease-pl, t; fl<u>ea</u>s-p, p<u>l</u>; seize; sk<u>i</u>s; trapeze)
sh<u>ie</u>ld (f, w, y; h<u>ea</u>led-s, squ; kn<u>ee</u>led)
shi<u>ft</u> (dr, g, l, s, sw, t<u>hr</u>)
shift<u>y</u> (f, n)
sh<u>in</u> (<u>in</u>-b, ch, gr, k, p, s, sk, t, th, tw, w; inn)
sh<u>in</u>e (d, f, l, m, n, p, sp, sw, tw; sign)
shin<u>gl</u>e (j, m, s, t)
shin<u>y</u> (t)
sh<u>ip</u> (ch, cl, d, dr, e·qu, fl, gr, h, l, r, s, sk, sn, str, t, tr, wh, z; gyp)
shi<u>rt</u> (d, fl, sk, squ; bl<u>urt</u>-h, sp; des<u>ert</u>-d<u>es</u>·s, ex·p)
shi<u>v</u>er (l, r, sl)
sho<u>ck</u> (bl, c, cl, d, fl, <u>kn</u>, l, r, s, st)
sho<u>ck</u>er (l, r; so<u>cc</u>er)
sho<u>ck</u>s (bl, c, cl, d, fl, <u>kn</u>, l, r, s, st; <u>ox</u>-b, f)
sh<u>od</u> (c, G, r, s; <u>a</u>pplaud; broad; gnawed; squ<u>a</u>d-w)
shoddy (body)
sh<u>oe</u> (can; bl<u>ew</u>-ch, cr, d, dr, f, fl, gr, kn, n, st, thr, vi; bl<u>ue</u>-c, cl, gl, s, tr; d<u>o</u>-t, wh; ewe; ig<u>loo</u>-t, z; y<u>ou</u>)
sh<u>oe</u>s (can; br<u>uise</u>-cr; choose; d<u>ues</u>-g<u>l</u>; lose; n<u>ews</u>-p, vi; <u>oo</u>ze-sn; two's; <u>use</u>-f; who's; zoos)
sh<u>oo</u>k (b, br, c, cr, <u>h</u>, l, t)
sh<u>oo</u>t (b, h, r, sc, <u>sn</u>, t; brute-ch, fl, m; fr<u>ui</u>t-s; route)
sh<u>op</u> (c, ch, cr, dr, <u>fl</u>, h, m, p, pl, sl, st, t; swap)
sh<u>o</u>re (<u>ore</u>-b, ch, ex·p<u>l</u>, m, s, sc, sn, st, sw, t, w; d<u>oor</u>-fl; <u>oar</u>-b, r, s; <u>or</u>-n; pour; war)
sho<u>rt</u> (f, p, s, sn, sp; court; qu<u>art</u>-w)
sho<u>rt</u>s (f, p, s, sn, sp; courts; qu<u>art</u>s-w; quartz)
sh<u>o</u>t (bl, c, d, g, h, j, kn, l, n, p, pl, r, sp, tr; squ<u>a</u>t-sw; watt)
sh<u>ou</u>ld (c, w; g<u>oo</u>d-h, <u>st</u>, w)
sh<u>ou</u>lder (<u>o</u>lder-b, c, sm)
sh<u>ou</u>t (<u>out</u>-a·b, b, p, sc, sn, st, tr; doubt)
sh<u>o</u>ve (a·b, gl, l; of)
sh<u>ow</u> (b, bl, cr, gl, <u>kn</u>, m, r, sl, sn, t, thr; d<u>oe</u>-h, t; d<u>ough</u>-th; g<u>o</u>-n, s;

oh; owe)
showed (<u>owed</u>-cr, fl, gl, m, r, s, sl, sn, t; c<u>ode</u>-l, r; hoed; l<u>oad</u>-r, t; sewed)
shower (fl, p, t; <u>our</u>-fl, h, s, sc)
showered (t; coward; scoured)
shown (<u>own</u>-bl, fl, gr, thr; b<u>one</u>-c, l, ph, st, t, thr, z; gr<u>oan</u>-l, m; sewn)
shows (cr, fl, gl, gr, kn, r, sl, sn, thr; ch<u>ose</u>-cl, h, n, p, pr, r, th; clothes; d<u>oes</u>[deer]-t; d<u>oze</u>-fr; owes; sews)
showy (sn)
shred (b, bl, f, fl, l, r, sh, sl, sp, w; ah<u>ead</u>-br, d, h, in·st, l, r, spr, thr, tr; said)
shrewd (ch<u>ewed</u>-st; cr<u>ude</u>-r; f<u>ood</u>-m; gl<u>ued</u>-s)
shrill (<u>ill</u>-b, ch, d, dr, f, g, h, k, m, p, qu, s, sk, sp, st, t, thr, w; kiln)
shrimp (<u>imp</u>-bl, l, sk)
shrimps (<u>imps</u>-bl, l, sk; glimpse)
shrink (<u>ink</u>-bl, br, dr, k, l, m, p, r, s, st, th, w)
shrug (b, d, dr, h, j, l, m, pl, r, sl, sm, sn, t)
shudder (<u>udder</u>-r)
shuffle (r, sc)

shut (b, c, h, n, r, str)
shutter (<u>utter</u>-b, cl, fl, g, sp, st)
shy (b, cr, fl, fr, m, pr, sk, sl, sp, spr, tr, wh; b<u>uy</u>-g; die-l, p, t; d<u>ye</u>-e, l, r; h<u>igh</u>-s, th)
shyness (dr; highness)
sick (br, ch, cl, k, l, p, qu, sl, st, t, th, tr, w)
sicken (ch, str, th)
side (br, gl, gu, h, pr, sl, str, t, w; cried-d, dr, l, sp, t, tr; I'd)
sift (dr, g, l, sh, sw, thr)
sigh (h, th; b<u>uy</u>-g; b<u>y</u>-cr, fl, fr, m, pr, sh, sk, sl, sp, spr, tr, wh; die-l, p, t; d<u>ye</u>-e, l, r)
sighs (b<u>uys</u>-g; cries-d, de·n, dr, l, sk, sp, t, tr; d<u>yes</u>-e; prize-s; r<u>ise</u>-w; whys)
sight (br, f, fl, fr, kn, l, m, n, r, sl, t; bite-k, m, qu, wh, wr; height)
sign (d<u>ine</u>-f, l, m, n, p, sh, sp, sw, tw)
signed (b<u>ind</u>-bl, f, gr, k, m, r, w; d<u>ined</u>-l, m, wh)
signer (d<u>iner</u>-f, m; minor)
silk (m)
sill (<u>ill</u>-b, ch, d, dr,

f, g, h, k, m, p,
qu, shr, sk, sp,
st, t, w; kiln)
si**ll**y (ch, f, h; chili;
lily)
simple (d, p)
sin (in-b, ch, gr, k,
p, sh, sk, t, th, tw,
w; inn)
sing (br, cl, fl, k, r,
spr, st, str, sw, th,
w)
singer (r, st)
single (j, m, sh, t)
sink (ink-bl, br, dr, k,
l, m, p, r, shr, st,
th, w)
sinner (inner-d, sp, th,
w)
sip (ch, cl, d, dr,
e·qu, fl, gr, h, l, r,
sh, sk, sn, str, t,
tr, wh, z; gyp)
sir (f, st; blur-c, f;
confer-h, p, pre·f,
re·f; purr)
sis (th; hiss-k, m)
sister (bl, m, tw)
sit (it-b, f, fl, gr, h,
k, kn, l, p, qu, sl,
sp, spl, w; mitt)
sitter (b, cr, gl, h, kn,
l, qu, tw)
sits (its-b, f, gr, h, k,
kn, p, qu, sl, sp,
spl, w; it's; mitts)
six (f, m; bricks-ch, k,
l, n, p, st, t, tr, w)
size (pr; buys-g; cries-
d, de·n, dr, l, sk,
sp, t, tr; dyes-e;
rise-w; sighs; whys)
sizzle (dr, f; chisel)

skate (ate-cr, cre, d,
f, g, l, m, pl, r,
sk, sl, st; bait-
str, tr, w; eight-
fr, w; great;
straight)
sketch (etch-f, str)
ski (be-h, m, sh, w;
bee-de·gr, f, fl,
fr, gl, kn, s, thr,
tr; flea-p, pl, s, t;
key)
skid (b, d, h, k, l,
r, sl, squ)
skies (cr, d, de·n,
dr, l, sp, t, tr;
buys-g; dyes-e;
prize-s; rise-w;
sighs; whys)
skill (ill-b, ch, d, dr,
f, g, h, k, m, p,
qu, s, shr, sp, st,
t, thr, w; kiln)
skilled (ch, dr, f, k,
sp, thr; build)
skim (d, gr, h, r, sl,
sw, tr, wh; gym;
hymn; limb)
skimp (imp-bl, l, shr)
skimps (imps-bl l, shr;
glimpse)
skin (in-b, ch, gr, k,
p, s, sh, t, th, tw,
w; inn)
skinned (gr; wind)
skip (ch, cl, d, dr,
e·qu, fl, gr, h, l,
r, s, sh, str, t, tr,
wh, z; gyp)
skipper (d, fl, z)
skirt (d, fl, sh, squ;
blurt-h, sp; desert-
des·s, ex·p)

skis (bees-f, kn, tr;
 breeze-fr, sn, squ;
 cheese; ease-pl, t;
 fleas-p, pl; he's-sh;
 seize; trapeze)
skull (d, g)
skunk (b, ch, dr, fl,
 j, pl, s, sp, tr)
sky (b, cr, fl, fr, m,
 pr, sh, sl, sp, spr,
 tr, wh; buy-g; die-
 l, p, t; dye-e, l, r;
 high-s, th)
slab (bl, c, cr, d, dr,
 gr, j, l, n, sc, st)
slack (at·t, b, bl, cr,
 kn, l, p, qu, r, s,
 sh, sm, sn, st, t,
 tr; kayak-ko·d)
slacken (bl)
slacks (at·t, bl, cr, j,
 l, p, qu, r, s, sm,
 sn, st, t, tr; ax-t;
 axe; kayaks-ko·d)
slain (br, ch, dr, g,
 gr, l, p, pl, r,
 re·m, spr, st, str,
 tr, v; cane-cr, l,
 m, pl, s, w; reign;
 rein-v)
slam (am-cl, h, j,
 pro·gr, r, scr, sw;
 lamb)
slang (b, cl, g, mus·t,
 r, s)
slant (ant-ch, gr, p, pl,
 sc; aunt; can't)
slants (ants-p, pl;
 aunts; chance-d,
 ro·m, tr; expanse)
slap (c, cl, fl, g, l, m,
 n, s, scr, sn, str, t,
 tr, wr)

slaps (c, ch, fl, l, m,
 n, s, scr, sn, str,
 tr, wr; collapse)
slate (ate-cr, cre, d,
 f, g, l, m, pl, r,
 sk, st; bait-str, tr,
 w; eight-fr, w;
 great; straight)
slave (be·h, br, c, g,
 gr, p, r, s, sh, w;
 they've)
slaver (br, s, sh;
 favor-fl)
slavery (br)
slay (a·w, b, br, cl, d,
 g, gr, h, j, m, p,
 pl, pr, r, s, spr, st,
 str, sw, tr, w; grey-
 o·b, pr, th; neigh-sl,
 w)
slayer (l, pl, str;
 mayor)
sled (b, bl, f, fl, l, sh,
 shr, sp, w; ahead-
 br, d, h, in·st, l, r,
 spr, thr, tr; said)
sledge (edge-dr, h, l,
 pl, w)
sleep (ch, cr, d, j, k,
 p, s, st, sw, w;
 cheap-h, l, r)
sleepy (w; tepee)
sleet (b, f, fl, gr, m,
 sh, str; athlete; eat-
 b, ch, h, m, n, tr,
 wh; receipt; suite)
sleigh (n, w; away-br,
 cl, d, g, gr, h, j,
 m, p, pl, pr, r, s,
 sl, spr, st, str, sw,
 tr, w; grey-o·b, pr,
 th)
sleighs (n, w; amaze-d;

gl, gr, h; ba__ys__-d,
p, pl, pr, r, spr,
st, str, tr, w;
phrase; pra__ise__-r)
sle__nder__ (bl, f, l, m,
sp, sur·r, sus·p, t;
splendor)
sle__pt__ (ac·c, ex·c, k,
sw, w)
slice (i__ce__-ad·v, d, l,
m, n, pr, r, sp, tw,
v)
sli__ck__ (br, ch, cl, k, l,
p, qu, s, st, t, th,
tr, w)
sli__d__ (b, d, h, k, l, r,
sk, squ)
slide (br, gl, gu, h,
pr, s, str, t, w;
cri__ed__-d, dr, l, sp,
t, tr; I'd)
sli__ght__ (br, f, fl, fr,
kn, l, m, n, r, s, t;
bi__te__-k, m, qu, wh,
wr; height)
slim (d, gr, h, r, sk,
sw, tr, wh; gym;
hymn; limb)
slime (ch, cr, d, gr,
pr, t; climb; I'm;
rhyme)
slit (i__t__-b, f, fl, gr, h,
k, kn, l, p, qu, s,
sp, spl, w; mitt)
slits (i__ts__-b, f, gr, h,
k, kn, p, qu, s, sp,
spl, w; it's; mitts)
sli__ver__ (l, r, sh)
slo__b__ (b, bl, g, gl, j,
kn, m, r, s, sn, thr)
slo__p__ (c, ch, cr, dr, fl,
h, m, p, pl, sh, st,
t; swap)

slo__pe__ (d, h, r; soap)
slo__ppy__ (ch, fl, p; copy)
slouch (o__uch__-c, cr, gr,
p, v)
slow (b, bl, cr, fl, gl,
kn, l, m, r, sh, sn,
t, thr; do__e__-h, t;
do__ugh__-th; go__-__n, s;
oh; owe; sew)
slowed (o__wed__-cr, fl, gl,
m, r, s, sh, sn, t;
co__de__-l, r; hoed;
lo__ad__-r, t; sewed)
slowly (l; holy)
slows (cr, fl, gl, gr,
kn, r, sh, sn, thr;
cho__se__-cl, h, n, p,
pr, r, th; clothes;
does[deer]-t; doze-
fr; owes; sews)
slu__g__ (b, d, dr, h, j, l,
pl, r, shr, sm, sn,
t)
slu__mber__ (l, n)
slu__mp__ (b, ch, d, h, j,
l, p, pl, st, th)
slurp (chi__rp__-tw)
sly (b, cr, fl, fr, m,
pr, sh, sk, sp, spr,
tr, wh; bu__y__-g; die-
l, p, t; dy__e__-e, l, r;
high-s, th)
smack (at·t, b, bl, cr,
kn, l, p, qu, r, s,
sh, sl, sn, st, t, tr;
kayak-ko·d)
smacked (at·t, cr, l, s,
st, t, tr; a__ct__-f, p, t)
small (a__ll__-b, c, f, h, m,
st, t, w; cra__wl__-spr;
haul)
smart (a__rt__-a·p, c, ch,
d, p, st, t; heart)

smarter (b, ch, st; martyr)
smash (a͟s͟h-c, cl, cr, d, fl, h, m, spl, thr, tr; mustache)
smear (e͟a͟r-cl, d, f, g, h, n, r, sp, t, y; ch͟ee͟r-d, j, p, qu, sn, st; he͟r͟e-m; pier; we're)
smeared (ap·p, cl, f, n, r, sp; beard; che͟e͟red-p, sn, st; weird)
smeary (bl, t, w; ch͟ee͟ry; dearie; eerie)
smell (b, c, d, dw, f, s, sh, sp, sw, t, w, y; be͟l͟le-ga·z; expe͟l-ho·t, re·b)
smelly (b, j)
smelter (sh, sw)
smile (f, m, p, t, wh; aisle; isle; style)
smiled (f, p; chi͟l͟d-m, w)
smoke (br, j, sp, str, y; o͟a͟k-cl, cr, s; folk)
smoker (j)
smokes (j, str, y; co͟a͟x-h; folks; o͟a͟ks-cl, cr, s)
smolder (o͟l͟der-b, c; shoulder)
smother (o͟t͟her-an, br, m)
smug (b, d, dr, h, j, l, m, pl, r, shr, sl, sn, t)
snack (at·t, b, bl, cr, kn, l, p, qu, r, s, sh, sl, sm, st, t, tr; kaya͟k-ko·d)

snacks (bl, cr, j, l, qu, r, s, sm, st, t; a͟x-t; axe; kaya͟ks-ko·d)
snag (b, br, dr, fl, g, l, n, r, s, sn, t, w)
snail (a͟i͟l-f, h, j, m, n, p, qu, r, s, t, tr; ba͟le-g, p, s, sc, st, t, wh; Braille; they'll; veil)
snake (b, br, c, dr, f, fl, l, m, qu, r, s, sh, sn, st, t, w; ache; break-st)
snap (c, cl, fl, g, l, m, n, s, scr, sl, str, t, tr, wr)
snappy (h, p, scr)
snarl (gn)
snatch (b, c, h, l, m, p, scr; attach)
sneak (b, cr, fr, l, p, sp, squ, str, w; ch͟ee͟k-cr, p, s, w; anti͟que-u·n)
sneer (ch, d, j, p, qu, st; e͟a͟r-ap·p, cl, d, f, g, h, n, r, sm, sp, t, y; he͟r͟e-m; pier; we're)
sneered (ch, p, st; appe͟a͟red-cl, f, n, r, sm; beard; weird)
sneeze (br, fr, squ; bee͟s-f, kn, tr; cheese; e͟a͟se-pl, t; flea͟s-p, pl; he's-sh; seize; skis; trapeze)
sneezy (cheesy; easy)
sniff (cl, j, st, wh; if)
sniper (v)
snob (b, bl, g, gl, j, kn, m, r, s, sl, thr)

snooper (sc, tr; super)
snoot (b, h, l, r, sc, sh, t; br<u>ute</u>-ch, fl, m; fr<u>ui</u>t-s; route)
snooze (<u>ooze</u>; br<u>ui</u>se-cr; can<u>oes</u>-sh; choose; d<u>ues</u>-gl; lose; n<u>ews</u>-p, vi; twos; <u>use</u>-f; who's; whose; z<u>oos</u>)
snore (<u>ore</u>-b, ch, ex·pl, m, s, sc, sh, st, sw, t, w; d<u>oor</u>-fl; <u>oar</u>-b, r, s; o'er; <u>or</u>-n; pour; war)
snored (b, sc, st; b<u>oard</u>-h; horde; l<u>ord</u>-sw; roared)
snort (f, p, s, sh, sp; court; qu<u>art</u>-w)
snorts (f, p, s, sh, sp; qu<u>arts</u>-w; quartz)
snout (<u>out</u>-a·b, b, p, sc, sh, st, tr; doubt)
snow (b, bl, cr, fl, gl, gr, kn, l, m, r, sh, sl, t, thr; d<u>oe</u>-h; d<u>ough</u>-th; g<u>o</u>-n, s; oh; owe; sew)
snowed (<u>owed</u>-cr, fl, gl, m, r, s, sh, sl, t; c<u>ode</u>-l, r; hoed; l<u>oad</u>-r, t; sewed)
snows (cr, fl, gl, gr, kn, r, sh, sl, thr; ch<u>ose</u>-cl, h, n, p, pr, r, th; clothes; d<u>oes</u>[deer]-t; d<u>oze</u>-fr; owes; sews)
snowy (sh)

snub (c, cl, fl, gr, r, s, scr, st, t)
snuff (bl, c, fl, gr, p, sc, st; en<u>ough</u>-r, t)
snug (b, d, dr, h, j, l, m, pl, r, shr, sl, sm, t)
snugly (ugly)
so (g, n; b<u>ow</u>-bl, cr, fl, gl, gr, kn, l, m, r, sl, sn, thr; d<u>oe</u>-h, t; d<u>ough</u>-th; oh; owe; sew)
soak (<u>oak</u>-cl, cr; br<u>oke</u>-j, m, sp, str, y; folk)
soaks (<u>oaks</u>-cl, cr; c<u>oax</u>-h; folks; j<u>okes</u>-sm, str, y)
soap (d<u>ope</u>-h, r, sl)
soar (<u>oar</u>-b, r; <u>ore</u>-b, ch, ex·pl, m, s, sc, sh, sn, st, sw, t, w; d<u>oor</u>-fl, o'er; <u>or</u>-n; pour; war)
sob (b, bl, g, gl, j, kn, m, r, sl, sn, thr)
soccer (l<u>ocker</u>-r, sh)
sock (bl, c, cl, d, fl, kn, l, r, sh, st)
socks (bl, c, cl, d, fl, kn, l, r, sh, st; <u>ox</u>-b, f)
sod (G, r, sh; applaud; broad; squ<u>ad</u>-w)
soften (often; coffin)
soggy (f, gr)
soil (<u>oil</u>-b, c, f, sp, t)
solar (m, p; r<u>oller</u>-str)
sold (<u>old</u>-b, c, g, h, m, sc, t; bowled; strolled)

s**o**me (c; b<u>um</u>-ch, dr,
g, h, m, pl, s;
cr<u>umb</u>-d, n, pl, th)
s**o**n (t, w; b<u>un</u>-f, g, n,
p, r, s, sp; <u>one</u>-d,
n)
s**o**ng (a·l, be·l, l, str,
wr)
s**o**nnet (b)
s**o**nny (b<u>unny</u>-f, s;
h<u>oney</u>-m)
s**oo**n (bal·l, c, car·t,
co·c, m, n, sp;
J<u>une</u>-pr, t)
s**oo**t (b, h, l, r, sc, sh,
sn, t; br<u>ute</u>-ch, fl,
m; fr<u>uit</u>-s; r<u>oute</u>)
s**o**re (<u>ore</u>-b, ch, ex·pl,
m, sc, sh, sn, st,
sw, t, w; d<u>oor</u>-fl;
<u>oar</u>-b, r, s; o'er; or-
n; pour; war)
s**o**rrow (b, to·m)
s**o**rry (quarry)
s**o**rt (f, p, sh, sn, sp;
c<u>our</u>t; qu<u>art</u>-w)
s**o**rts (f, p, sh, sp;
c<u>our</u>ts; qu<u>arts</u>-w;
quartz)
s**ou**ght (<u>ought</u>-b, br, f,
th; c<u>aught</u>-t)
s**ou**l (bowl; coal-g;
control; h<u>ole</u>-p, r, st,
wh; r<u>oll</u>-str, tr)
s**ou**nd (b, f, gr, h, m,
p, r, w; cl<u>owned</u>)
s**ou**r (<u>our</u>-fl, h, sc;
fl<u>ower</u>-p, sh, t)
s**ou**rce (c<u>oarse</u>-h; course;
div<u>orce</u>-f; horse)
s**ou**th (m)
s**o**w (<u>ow</u>-al·l, b, br, c,
ch, h, n, pl, v, w)
s**o**wed (<u>owed</u>-cr, fl, gl,
m, r, sh, sl, sn, t;
c<u>ode</u>-l, r; hoed;
l<u>oad</u>-r, t; sewed)
sp**a**de (<u>ade</u>-bl, f, gr,
pa·r, sh, tr, w;
<u>aid</u>-a·fr, br, l, m,
p, r; betr<u>ayed</u>-de·c,
pl, st, str; n<u>eighed</u>-
w; ob<u>eyed</u>)
sp**a**ngle (<u>angle</u>-d, sp,
str, t, tri, wr)
sp**a**nk (b, bl, cr, dr,
fr, pl, pr, r, s, t,
th)
sp**a**re (b, c, d, f, fl,
gl, h, m, r, sc, sh,
squ, st; <u>air</u>-ch, f,
h, p; p<u>ear</u>-sw, t, w;
prayer; their; there-
wh)
sp**a**rk (<u>ark</u>-b, d, em·b,
l, m, p, re·m, sh)
sp**a**rrow (<u>arrow</u>-b, n)
sp**a**t (<u>at</u>-b, br, c, ch,
f, gn, h, m, p, r,
s, sc, th)
sp**ea**k (b, cr, fr, l, p,
sn, squ, str, w;
ch<u>eek</u>-cr, p, s, w;
ant<u>ique</u>-u·n)
sp**ea**r (<u>ear</u>-ap·p, cl, d,
f, g, h, n, r, sm,
t, y; ch<u>eer</u>-d, j, p,
qu, sn, st; h<u>ere</u>-m;
pier; we're)
sp**ea**red (ap·p, cl, f, n,
r, sm; beard;
ch<u>eered</u>-p, sn, st;
w<u>eird</u>)
sp**e**ck (ch, d, fl, n, p,

wr)
specks (ch, d, fl, n, p, wr; flex)
sped (b, bl, f, fl, l, sh, shr, sl, w; ahead-br, d, h, in·st, l, r, spr, thr, tr; said)
speech (each-b, bl, p, pr, r, t; screech)
speed (a·gr, bl, br, d, ex·c, f, fr, gr, in·d, n, pro·c, s, suc·c, w; bead-kn, l, pl, r; he'd-sh, w)
speedy (gr, n, w)
spell (b, c, d, dw, f, s, sh, sm, sw, t, w, y; belle-ga·z; expel-ho·t, re·b)
speller (dw, pro·p, s, t; cellar)
spend (end-at·t, b, bl, de·p, fri, in·t, l, m, of·f, pre·t, s)
spender (bl, f, l, m, sl, sur·r, sus·p, t; splendor)
spent (b, c, d, r, s, sc, t, w; meant)
spice (ice-ad·v, d, l, m, n, pr, r, sl, tw, v)
spicy (icy)
spider (c, r, w)
spied (cr, d, dr, l, t, tr; bride-gl, gu, h, pr, s, sl, str, t, w; I'd)
spies (cr, d, de·n, dr, l, sk, t, tr; buys-g; dyes-e; prize-s; rise-w; sighs; whys)

spike (b, d, h, l, m, str, t, tr)
spill (ill-b, ch, d, dr, f, g, h, k, m, p, qu, s, shr, sk, st, t, thr, w; kiln)
spilled (ch, dr, f, k, sk, thr; build)
spine (d, f, m, n, p, sh, sw, tw; sign)
spinner (inner-d, s, th, w)
spit (it-b, f, fl, gr, h, k, kn, l, p, qu, s, sl, spl, w; mitt)
spits (its-b, f, gr, h, k, kn, p, qu, s, sl, spl, w; it's; mitts)
splash (ash-c, cl, cr, d, fl, h, m, sm, thr, tr; mustache)
splatter (b, ch, cl, f, fl, m, sc, sh, t)
splendor (blender-f, l, m, sl, sp, sur·r, sus·p, t)
splint (fl, h, l, m, squ, t)
split (it-b, f, fl, gr, h, k, kn, l, p, qu, s, sl, sp, w; mitt)
splits (its-b, f, gr, h, k, kn, p, qu, s, sl, sp, w; it's; mitts)
spoil (oil-b, c, f, s, t)
spoke (br, j, sm, str, y; oak-cl, cr, s; folk)
spoken (br, t)
sponge (plunge)
spoof (g, pr)
spool (c, f, p, sch, st, t; mule-r; who'll;

you'll)
spoon (bal·l, car·t, c,
  co·c, m, n, rac·c,
  s; June-pr, t)
sport (f, p, s, sh, sn;
  court; quart-w)
sports (f, p, s, sh,
  sn; courts; quarts-
  w; quartz)
spot (bl, c, d, g, h,
  j, kn, l, n, p, pl,
  r, sh, tr; squat-sw;
  watt)
spotty (kn; haughty-n)
spouse (bl, gr, h, l,
  m)
sprain (br, ch, dr, gr,
  l, p, pl, sl, st, str,
  tr, v; cane-cr, l,
  pl, s, w; reign;
  rein-v)
sprawl (cr; all-b, c, f,
  h, m, sm, st, t, w;
  haul)
sprawled (cr; bald-sc;
  called-st; hauled)
spray (a·w, b, br, cl,
  d, g, gr, h, j, m,
  p, pl, pr, r, s, sl,
  st, str, sw, tr, w;
  grey-o·b, pr, th;
  neigh-sl, w)
sprays (b, d, p, pl,
  pr, r, st, str, w;
  amaze-d, gl, gr, h;
  neighs-sl, w; obeys;
  phrase; praise-r)
spread (a·h, br, d,
  in·st, l, r, thr, tr;
  bed-bl, f, fl, l, r,
  sh, shr, sl, sp, w;
  said)
spreader (thr;
  cheddar; redder)
spring (br, cl, fl, k,
  r, s, st, str, sw,
  th, w)
sprinkle (tw, wr)
spruce (tr; caboose-g,
  l, m, n; use)
spry (b, cr, fl, fr, m,
  pr, sh, sk, sl, sp,
  tr, wh; buy-g; die-
  l, p, t; dye-e, l, r;
  high-s, th)
spryer (bu, fr; choir;
  desire-f, m, re·qu,
  t, um·p, vam·p, w;
  drier-fl; higher;
  liar)
spun (b, f, g, n, p,
  r, s; one-d, n; son-
  t, w)
spunk (b, ch, dr, fl,
  j, pl, s, sk, tr)
spurt (bl, h; desert-
  des·s, ex·p; dirt-fl,
  sh, sk, squ)
sputter (utter-b, cl, fl,
  g, sh, st)
spy (b, cr, fl, fr, m,
  pr, sh, sk, sl, sp,
  spr, tr, wh; buy-g;
  die-l, p, t; dye-e,
  l, r; high-s, th)
squabble (cobble-g, h,
  w)
squad (w; applaud;
  broad; cod-G, n, p,
  r, s, tr; gnawed;
  odd)
square (b, c, d, f, fl,
  gl, h, m, r, sc, sh,
  sp, st; air-ch, f, h,
  p; pear-sw, t, w;
  prayer; their; there-

wh)
squash (w)
squat (sw; bl<u>o</u>t-c, d,
  <u>g</u>, h, j, k<u>n</u>, l, n, p,
  pl, r, sh, sp, tr;
  watt)
squaw (cl, dr, fl, gn,
  j, <u>l</u>, p, r, s, str,
  th; awe)
squawk (h; b<u>a</u>lk-ch, st,
  t, w)
squawky (balky; t<u>a</u>lkie-
  w)
squaws (cl, dr, fl, gn,
  j, <u>l</u>, p, s, str, th;
  c<u>ause</u>-cl, p; gauze)
squeak (b, cr, fr, l, p,
  sn, sp, str, w;
  ch<u>ee</u>k-cr, p, s, w;
  an<u>ti</u>que-u·n)
squeal (d, h, m, r, s,
  st, v, z; <u>ee</u>l-f, h,
  kn, p, r, <u>s</u>t; he'll-
  sh, w)
squealed (h, s; f<u>ie</u>ld-sh,
  w, y; kneeled)
squeeze (br, fr, sn;
  b<u>ees</u>-f, kn, tr;
  cheese; <u>ea</u>se-pl, t;
  fl<u>ea</u>s-p, <u>pl</u>; he's-sh;
  s<u>ei</u>ze; skis; trapeze)
squid (b, d, h, k, l, r,
  s<u>k</u>, sl)
squint (fl, h, l, m, pr,
  sp<u>l</u>, t)
squirm (f; g<u>er</u>m-t;
  worm)
squirt (d, fl, sh, sk;
  bl<u>ur</u>t-h, sp; des<u>er</u>t-
  des·s, ex·p)
stab (bl, c, cr, d, dr,
  gr, j, l, n, sc, sl)
stable (<u>a</u>ble-c, en, f, t;

label)
stack (at·t, b, bl, cr,
  kn, l, p, qu, r, s,
  sh, sl, sm, sn, t,
  tr; kay<u>a</u>k-ko·d)
stacked (at·t, cr, l, s,
  sm, t, tr; <u>a</u>ct-f, p,
  t)
stacks (bl, cr, j, l, p,
  qu, r, s, sm, sn, t,
  tr; <u>a</u>x-t; axe;
  kay<u>a</u>ks-ko·d)
staff (b<u>e</u>half-c, h;
  giraffe; graph; laugh)
stage (<u>a</u>ge-c, p, r, w;
  gauge)
stain (br, ch, dr, g,
  gr, l, p, pl, r,
  re·m, sl, st, str, tr,
  v; c<u>a</u>ne-cr, l, m, pl,
  s, w; reign; r<u>ei</u>n-v)
stake (b, br, c, <u>d</u>r, f,
  fl, m, qu, r, s, sh,
  sn, st, t, w; ache;
  br<u>ea</u>k-st)
stale (b, g, m, p, s, t,
  wh; <u>ai</u>l-f, h, j, m,
  n, q, qu, r, s, sn,
  t; Braille; they'll;
  veil)
stalk (b, ch, t, w;
  hawk-squ)
stall (<u>a</u>ll-b, c, f, h, m,
  sm, t, w; cr<u>a</u>wl-spr;
  haul)
stalled (c; b<u>a</u>ld-sc;
  cr<u>a</u>wled-spr; hauled)
stammer (h, clamor;
  glamour; grammer)
stamp (c, ch, cl, cr, d,
  l, r, sc, tr)
stamper (c, d, h, p, sc,
  t)

91

stand (and-b, br, com·m, de·m, ex·p, h, l, s, st; canned-f, m, pl, sc, t)
staple (m)
star (b, c, f, gui·t, m, p, sc, t; are)
starch (arch-m)
stare (b, c, d, f, fl, gl, h, m, r, sc, sh, sp, squ, st; air-ch, f, h, p; pear-sw, t, w; prayer; their; there-wh)
start (art-a·p, c, ch, d, p, sm, st, t; heart)
starter (b, ch, sm; martyr)
starve (c)
state (ate-cr, cre, d, f, g, l, m, pl, r, sk, sl; bait-str, tr, w; eight-fr, w; great; straight)
static (attic)
station (n, r)
stationery (v; berry-ch, f, m; bury)
stay (a·w, b, br, cl, d, g, gr, h, j, m, p, pl, pr, r, s, sl, spr, str, sw, tr, w; grey-o·b, pr, th; neigh-sl, w)
stayed (de·c, pl, st, str; ade-bl, gr, pa·r, sh, sp, tr, w; aid-a·fr, br, l, m, p, r; neighed-w; obeyed)
stays (b, d, p, pl, pr, r, spr, str, tr, w;

amaze-d, gl, gr, h; neighs-sl, w; phrase; praise-r)
steady (al·r, r)
steak (br; ache; bake-br, c, dr, f, fl, l, m, qu, r, s, sh, sn, st, t, w)
steal (d, h, m, r, s, squ, v, z; eel-f, h, kn, p, r, st; he'll-sh, w)
steam (b, cr, dr, gl, s, scr, str, t; extreme-sch, su·pr, th; seem)
steel (eel-f, h, kn, p, r; deal-h, m, r, s, squ, v, z; he'll-sh, w)
steep (ch, cr, d, j, k, p, s, sh, sl, sw, w; cheap-h, l, r)
steeple (people)
steer (ch, d, j, p, qu, sn; ear-cl, d, f, g, h, n, r, sm, sp, t, y; here-m; pier; we're)
steered (ch, p, sn; appeared-cl, f, n, r, sm, sp; beard; weird)
stem (g, h, th; condemn)
step (p)
stew (bl, ch, cr, d, dr, f, fl, kn, thr, vi; blue-c, cl, gl, s, tr; canoe-sh; do-t, wh; ewe; igloo-t, z; you)
stewed (ch; crude-r; food-m; shrewd; glued-s)

stick (br, ch, cl, k, l,
  p, qu, s, sl, t, th,
  tr, w)
sticks (br, ch, k, l, n,
  p, t, tr, w; fix-m,
  s)
sticky (tr)
stiff (cl, j, sn, wh; if)
still (ill-b, ch, d, dr,
  f, g, h, k, m, p,
  qu, s, shr, sk, sp,
  t, thr, w; kiln)
sting (br, cl, fl, k, r,
  s, spr, str, sw, th,
  w)
stinger (s)
stingy (d)
stink (ink-bl, br, dr, k,
  l, m, p, r, s, shr,
  th, w)
stinky (inky-p)
stir (f, s; blur-c, f;
  confer-h, p, pre·f,
  re·f; purr)
stitch (itch-d, h, p, sw,
  w; rich-wh)
stock (bl, c, ch, d, fl,
  kn, l, r, s, sh)
stole (h, p, r, wh; bowl;
  coal-g; control; roll-
  str, tr; soul)
stolen (swollen)
stone (b, c, l, ph, t,
  thr, z; groan-l, m;
  own-bl, fl, gr, sh,
  thr; sewn)
stony (b, p)
stood (g, h, w; could-sh,
  w)
stooge (huge)
stool (c, f, p, sch, sp,
  t; mule-r; who'll;
  you'll)

stoop (c, l, sc, sw, tr;
  group)
store (ore-b, ch, ex·pl,
  m, s, sc, sh, sn,
  sw, t, w; door-fl;
  oar-b, r, s; o'er;
  or-n; pour; war)
stored (b, sc, sn;
  board-h; horde;
  lord-sw; roared)
storm (d, f; swarm)
story (g, gl)
stout (out-a·b, b, p,
  sc, sn, tr; doubt)
stove (dr, gr, w)
straddle (p, s)
straight (ate-c, cre, d,
  g, l, m, pl, r, sk,
  sl, st; bait-str, tr,
  w; eight-fr, w;
  great)
strain (br, ch, dr, g,
  gr, l, m, p, pl, r,
  re·m, sl, spr, st,
  str, tr, v; cane-cr,
  l, pl, m, s, w;
  reign; rein-v)
strait (b, tr; ate-cr,
  cre, d, f, g, l, m,
  pl, r, sk, sl, st;
  eight-fr, w; great;
  straight)
strange (ch, r)
stranger (d, m, r)
strangle (angle-d, sp, t,
  tri, wr)
strap (c, ch, cl, fl, g,
  l, m, n, s, scr, sl,
  sn, t, tr, wr)
straps (c, ch, fl, l, m,
  n, s, scr, sl, sn, t,
  tr, wr; collapse)
straw (cl, dr, fl, gn, j,

l, p, r, s, squ, th; awe)
straws (cl, dr, fl, gn, j, l, p, s, squ, th; cause-cl, p; gauze)
stray (a·w, b, br, cl, d, g, gr, h, j, m, p, pl, pr, r, s, sl, spr, st, str, sw, tr, w; grey-o·b, pr, th; neigh-sl, w)
strayed (be·tr, de·c, pl, st; ade-bl, f, gr, pa·r, sh, sp, tr, w; aid-a·fr, br, l, p, r; neighed-w; obeyed)
strayer (l, pl, sl; mayor)
strays (b, d, p, pl, pr, r, spr, st, tr, w; amaze-d, gl, gr, h; neighs-sl, w; phrase; praise-r)
streak (cr, fr, l, p, sn, sp p, s, w; antique-u·n)
stream (b, cr, dr, gl, s, scr, st, t; extreme-sch, su·pr, th; seem)
street (b, f, fl, gr, m, sh, sl; athlete; eat-b, ch, h, m, n, tr, wh; receipt; suite)
strength (l)
stress (bl, ch, con·f, gu, l, m, pr, suc·c; yes)
stretch (etch-f, sk)
stricken (ch, s, th)
strict (con·fl, con·v; clicked-k, l, n, p, tr)
stride (br, gl, gu, h, pr, s, sl, t, w; cried-

d, dr, l, sp, t, tr; I'd)
strife (f, l, w)
strike (b, d, h, l, m, sp, t, tr)
string (br, cl, fl, k, r, s, spr, st, sw, th, w)
strip (ch, cl, d, dr, e·qu, fl, gr, h, l, r, s, sh, sk, t, tr, wh, z; gyp)
stripe (gr, p, r, sw, w; type)
strive (ar·r, d, dr, f, h, j, sur·v; I've)
stroke (br, j, sm, sp, y; oak-cl, cr, s; folk)
strokes (j, sm, y; coax-h; folks; oaks-cl, cr, s)
stroll (r, tr; bowl; coal-g; control; hole-p, r, st, wh; soul)
strolled (bowled; old-b, c, f, g, h, m, s, sc, t)
stroller (r; molar-p, s)
strong (a·l, be·l, g, l, s, wr)
struck (b, cl, d, l, st, tr)
strung (fl, h, l, s, st, wr; among; tongue; young)
strut (b, c, h, n, r, sh)
stub (c, cl, fl, gr, r, s, scr, sn, t)
stubble (b, r; double-tr)
stuck (b, cl, d, l, s, str, tr)
study (bloody; buddy-m)

st**uff** (bl, c, fl, gr, p, sc, sn; en**ough**-r, t)
st**umble** (b, cr, f, gr, h, j, m, r, t)
st**ump** (b, ch, d, h, j, l, p, pl, sl, th)
st**ung** (fl, h, l, s, str, wr; am**ong**; t**ongue**; y**oung**)
st**unned** (g, sh; f**und**)
st**unt** (b, bl, gr, h, p, r; fr**ont**)
st**upid** (c)
st**utter** (b, cl, fl, g, sh, sp)
st**yle** (**aisle**; f**ile**-m, p, sm, t, wh; **isle**)
s**ub** (c, cl, fl, gr, scr, sn, st, t)
sub**ject** (col·l, con·n, cor·r, dir, e·l, ex·p, in·f, neg·l, ob·j, per·f, pro·j, pros·p, re·fl, re·sp, sel)
suc**ceed** (a·gr, bl, br, d, ex·c, f, fr, gr, in·d, n, pro·c, s, sp, w; b**ead**-kn, l, pl, r; he'd-sh, w)
suc**cess** (bl, ch, con·f, dr, gu, l, m, pr, str; yes)
s**uch** (m; cl**utch**-cr; t**ouch**)
s**uck** (b, cl, d, l, st, str, tr)
s**ucks** (b, cl, d, tr)
s**ue** (bl, c, cl, gl, tr; bl**ew**-ch, cr, d, dr, f, fl, kn, st, thr, vi; d**o**-t; **ewe**; igl**oo**-t, z; y**ou**)

s**ued** (gl; ch**ewed**-st; cr**ude**-r; f**ood**-m; shr**ewd**)
sug**gest** (b, ch, gu, n, p, r, re·qu, t, v, w; bl**essed**-gu, pr; br**east**)
s**uit** (fr; b**oot**-h, l, r, sc, sh, sn, t; br**ute**-ch, fl, m; r**oute**)
s**uite** (**athlete**; b**eet**-f, fl, gr, m, sh, sl, str; **eat**-b, ch, h, m, n, tr, wh; rec**eipt**)
s**um** (b, ch, dr, g, h, m, pl; c**ome**-s; cr**umb**-d, n, pl, th)
s**ummer** (dr; pl**umber**)
s**un** (b, f, g, n, p, r, sp; **one**-d, n; s**on**-t, w)
s**ung** (fl, h, l, st, str, wr; am**ong**; t**ongue**; y**oung**)
s**unk** (b, ch, dr, fl, j, pl, sk, sp, tr)
s**unny** (b, f; h**oney**-m; s**onny**)
s**uper** (sc**ooper**-sn, tr)
su**perb** (h, v; c**urb**-dis·t)
s**upper** (**upper**)
su**preme** (ex·tr, sch, th; b**eam**-cr, dr, gl, s, scr, st, str, t; s**eem**)
s**ure** (c, l, p; t**our**-y; y**ou're**)
s**urf** (t)
sur**render** (bl, f, l, m, sl, sp, sus·p, t;

survival (ar·r, r)
survive (ar·r, d, dr, f, h, j, str; I've)
suspender (bl, f, l, m, sl, sp, sur·r, t; splen-dor)
suspense (d, ex·p, im·m, in·t, s, t; cents-d, r, sc, t; fence-h)
swallow (follow-h)
swam (am-cl, h, j, pro·gr, r, scr, sl; lamb:
swan (dawn-dr, f, l, y; gone; on)
swans (bronze; coupons)
swap (cop-ch, cr, dr, fl, h, m, p, pl, sh, sl, st, t)
swarm (w; dorm-f, st)
swat (squ; blot-c, d, h, j, kn, l, n, p, pl, r, sh, sp, tr; watt)
sway (a·w, b, br, cl, d, g, gr, h, j, m, p, pl, pr, r, s, sl, spr, st, str, sw, tr, w; grey-o·b, pr, th; neigh-sl, w)
swear (p, t, w; air-ch, fl, h, p; bare-c, d, f, fl, gl, h, m, r, sc, sh, sp, squ, st; prayer; their; there-wh)
sweat (thr; bet-du, for·g, fr, g, j, l, m, n, p, s, v, w, y; debt)
sweater (better-l)
sweep (ch, cr, d, j, k, p, s, sh, sl, st, w; cheap-h, l, r)
sweeten (eaten-b)
sweeter (eater-ch, re·p)
sweetie (meaty-tr)
swell (b, c, d, dw, f, s, sh, sm, sp, t, w, y; belle-ga·z; expel-ho·t, re·b)
swelter (sh, sm)
swept (ac·c, ex·c, k, sl, w)
swerve (de·s. n, s; curve)
swift (dr, g, l, s, sh, thr)
swim (d, gr, h, r, sk, sl, tr, wh; gym; hymn; limb)
swine (d, f, l, m, n, p, sh, sp, tw; sign)
swing (br, cl, fl, k, r, s, spr, st, str, th, w)
swipe (gr, p, r, str, w; type)
swirl (g, tw, wh; curl-h; pearl)
swish (d, f, w)
switch (itch-d, h, p, st, w; rich-wh)
swollen (stolen)
swoop (c, h, l, sc, st, tr; group)
sword (l; board-h; bored-sc, sn, st; horde; roared)
swore (ore-b, ch, ex·pl, m, s, sc, sh, sn, st, t, w; door-fl; oar-b, r, s; o'er; or-n; pour; war)
table (able-c, en, f, st; label)
tack (at·t, b, bl, cr, kn, l, p qu, r, s, sh, sl, sm, sn, st, tr; ka-yak-ko·d)

tacked (at·t, cr, l, s, sm, st, tr; act-f, p, t)
tackle (c, cr; jackal)
tacks (at·t, b, bl, cr, j, l, p, qu, r, s, sm, sn, st, tr; ax-t; axe; kayaks-ko·d)
tact (act-f, p; attacked-cr, l, s, sw, st, t, tr)
taffy (d)
tag (b, br, dr, fl, g, l, n, r, s, sn, w)
tail (ail-f, h, j, m, n, p, qu, r, s, sn, tr; bale-g, m, p, s, sc, st, t, wh; Braille; they'll; veil)
take (b, br, c, d, f, fl, l, m, qu, r, s, sh, sn, st, t, w; ache; break-st)
taker (b, f, m, sh; acre; breaker)
tale (b, g, m, p, s, sc, st, wh; ail-f, h, m, n, p, qu, r, s, sn, t; Braille; they'll; veil)
talk (b, ch, st, w; hawk-squ)
talkie (balky; squawky; waukie)
tall (all-b, c, f, h, m, sm, st, t, w; crawl-spr; haul)
tamper (c, d, h, p, sc, st)
tan (an-b, be·g, f, m, p, pl, r, th, v)
tangle (angle-d, sp, str, tri, wr)

tank (b, bl, cr, dr, fr, pl, pr, r, s, sp, th)
tanned (c, f, m, pl, sc; and-b, br, com·m, de·m, ex·p, h, l, s, st)
tanner (b, m, pl)
tap (c, ch, cl, fl, g, l, m, n, s, scr, sl, sn, str, tr, wr)
tape (ape-c, dr, es·c, gr, scr, sh; crepe)
taps (c, ch, fl, l, m, n, s, scr, sl, sn, str, tr, wr; collapse)
tar (b, c, f, gui·t, m, p, sc, st; are)
tardy (h)
tarp (c, h, sh)
tart (art-a·p, c, ch, d, p, sm, st; heart)
task (ask-m)
tatter (b, ch, cl, f, fl, m, sc, sh, spl)
tattle (b, c, r)
taught (c; ought-b, br, f, s, th)
taunt (h, j)
tax (ax; axe; attacks-b, bl, cr, j, l, p, qu, r, s, sl, sm, sn, sn, t, tr; kayaks-ko·d)
tea (fl, p, pl, s; be-h, m, sh, w; bee-de·gr, f, fl, fr, gl, kn, s, thr, tr; key; ski)
teach (each-b, bl, p, pr, r; screech-sp)
teacher (bl, pr; creature-f)
team (b, cr, dr, gl, s, scr, st, str; extreme-

97

sch, su·pr, th; seem)
tear (p, sw, w; <u>air</u>-ch, f, h, p; b<u>are</u>-c, d, f, fl, gl, h, m, r, sc, sh, sp, squ, st; prayer; their; there-wh)
tear (<u>ear</u>-cl, d, f, g, h, n, r, sm, sp, y; ch<u>eer</u>-d, j, p, qu, sn, st; h<u>ere</u>-m; pier; we're)
teary (bl, sm, w; cheery; dearie; eerie)
tease (<u>ease</u>-pl; b<u>ees</u>-f, kn, tr; br<u>eeze</u>-fr, sn, squ; ch<u>ees</u>e; fl<u>eas</u>-p, pl, he's-sh; seize; skis; trap<u>eze</u>)
teen (gr, k, qu, s, scr; b<u>ean</u>-cl, l, m; caffeine; mach<u>ine</u>-ma·r, rou·t, sar·d; scene)
teeny (meany; weeney)
teeth (ben<u>eath</u>-wr)
tell (b, c, d, dw, f, s, sh, sm, sp, w, y; b<u>elle</u>-ga·z; exp<u>el</u>-ho·t, re·b)
teller (dw, pro·p, s, sp; cellar)
tempt (at·t; dream<u>t</u>)
ten (d, h, m, p, th, wh, wr; again)
tender (bl, f, l, m, sl, sp, sur·r, sus·p; splendor)
tens (d, h, l, p, wr; cleanse ; men's-wh)
tense (d, ex·p, im·m, in·t, s, sus·p; c<u>ents</u>-d, r, sc, t; f<u>ence</u>-h)
tension (p; atten<u>tion</u>-con·v, in·t, m, pre·v)
tent (b, c, d, r, s, sc, sp, w; meant)
tents (c, d, r, sc; d<u>ense</u>-ex·p, im·m, in·t, s, sus·p, t; f<u>ence</u>-h)
tepee (sl<u>eepy</u>-w)
term (g; f<u>irm</u>-squ; worm)
terrier (m; b<u>arrier</u>-c)
test (b, ch, gu, n, p, re·qu, sug·g, v, w; bl<u>essed</u>-qu, pr; br<u>east</u>)
text (n)
than (<u>an</u>-b, be·g, c, f, m, p, pl, r, t, v)
thank (b, bl, cr, dr, fr, pl, pr, r, s, sp, t)
that (<u>at</u>-b, br, c, ch, f, gn, h, m, pr, r, s, sc, sp)
thaw (cl, dr, fl, gn, j, l, p, r, s, squ, str; awe)
thaws (cl, dr, fl, gn, j, l, p, s, squ, str; c<u>ause</u>-cl, p; gauze)
theft (l)
their (<u>air</u>-ch, f, h, p; b<u>are</u>-c, d, f, fl, gl, h, m, r, sc, sh, sp, squ, st; p<u>ear</u>-sw, t, w; prayer; th<u>ere</u>-wh)
them (g, h, st; con-demn)
theme (ex·tr, sch, su·pr; b<u>eam</u>-cr, dr,

gl, s, scr, st, str,
t; seem)
then (d, h, m, p, t,
wh, wr; again)
there (wh; air-ch, f,
h, p; bare-c, d, f,
fl, gl, h, m, r, sc,
sh, sp, squ, st;
pear-sw, t, w;
prayer; their)
they (gr, o·b, pr;
away-b, br, cl, d,
g, gr, h, j, m, p,
pl, pr, r, s, sl,
spr, st, str, sw,
tr, w; neigh-sl, w)
they'll (ail-f, h, j, m,
p, qu, r, s, sn, t,
tr; bale-g, h, p, s,
sc, st, t, wh; Braille;
veil)
they've (behave-br, c,
g, gr, p, r, s, sh,
sl, w)
thick (br, ch, cl, k, l,
p, qu, s, sl, st, t,
tr, w)
thicken (ch, s, str)
thicket (cr, t)
thief (be·l, br, ch, gr;
beef-r; leaf)
thigh (h, s; buy-g; by-
cr, fl, m, pr, s, sk,
sl, sp, spr, tr, wh;
die-l, p, t; dye-e,
l, r)
thin (in-b, ch, gr, k,
p, s, sh, sk, t, w;
inn)
thing (br, cl, fl, k, r,
s, spr, st, str, sw,
w)
think (ink-bl, br, dr,

k, l, m, p, r, s,
shr, st, w)
thinner (inner-d, s,
sp, w)
third (b; blurred-oc·c;
heard; herd; word)
thirst (f; burst; nursed;
worst)
thirty (d)
this (s; hiss-k, m)
thistle (br, gr, wh;
missile)
thorn (b, c, h, sc, w)
thorny (h)
those (ch, cl, h, n,
p, pr, r; clothes;
crows-fl, gl, gr,
kn, r, sh, sl, sn,
thr; does [deer]-t;
doze-fr; owes; sews)
though (d; bow-bl, cr,
fl, gl, kn, l, m, r,
sl, sn, t, thr;
doe-h, t; go-n, s;
oh; owe; sew)
thought (ought-b, br,
f, s; caught-t)
thrash (ash-c, cl, cr,
d, fl, h, m, sm,
spl, tr; mustache)
thread (a·h, br, d, h,
in·st, l, r, spr, tr;
bed-bl, f, fl, l, r,
sh, shr, sl, sp, w;
said)
threader (spr; cheddar;
redder)
threat (sw; bet-du,
for·g, fr, g, j, l,
m, n, p, s, v, w,
y; debt)
three (b, de·gr, f, fl,
fr, gl, kn, s, tr;

be-h, m, sh, w;
flea-p, pl, s, t;
key; ski)
threw (bl, ch, cr, d,
dr, f, fl, kn, st,
vi; blue-c, cl, gl,
s, tr; canoe-sh;
do-t, wh; ewe;
igloo-t, z; you)
thrift (dr, g, l, s, sh,
sw)
thrill (ill-b, ch, d, dr,
f, g, h, k, m, p,
qu, s, shr, sk, st,
thr, w; kiln)
thrilled (ch, dr, f, k,
sk, sp; build)
thriller (dr, k; cater-
pillar)
throat (oat-b, c, fl, g;
note-pro·m, qu, v,
wr)
throb (b, bl, g, gl, j,
kn, m, r, s, sl, sn)
throne (b, c, l, ph, st,
t, z; groan-l, m;
own-bl, fl, gr, sh,
thr; sewn)
throw (b, bl, cr, fl,
gl, gr, kn, l, m, r,
sl, sn, t; doe-h, t;
dough-th; go-n, s;
oh; owe; sew)
thrown (own-bl, fl, gr,
sh; bone-c, l, ph,
st, t, thr, z; groan-
l; sewn)
throws (cr, fl, gl, gr,
kn, r, sh, sl, sn,
thr; chose-cl, h, n,
p, pr, r, th;
clothes; does [deer]-
t; doze-fr; owes;
sews)
thrust (b, cr, d,
dis·g, j, m, r, tr)
thumb (cr, d, n, pl;
bum-ch, dr, g, h,
m, pl, s; come-s)
thump (b, ch, d, h,
j, l, p, pl, sl, st)
thunder (under-bl, pl;
wonder)
thus (us-b, pl; cuss-
f, m)
tick (br, ch, cl, k, l,
p, qu, s, sl, st,
th, tr, w)
ticket (cr, th)
tickle (f, p, tr; nickel;
popsicle)
ticks (br, ch, k, l, n,
p, st, tr, w; fix-
m, s)
tide (br, gl, gu, h,
pr, s, sl, str, w;
cried-d, dr, l, sp,
t, tr; I'd)
tie (d, l, p; buy-g;
by-cr, fl, fr, m,
pr, sh, sk, sl, sp,
spr, tr, wh; dye-e,
l, r; high-s, th)
tied (cr, d, dr, l, sp,
tr; bride-gl, gu, h,
pr, s, sl, str, t, w;
I'd)
ties (cr, d, de·n, dr,
l, sk, sp, tr; buys-
g; eyes; prize-s;
rise-w; sighs; whys)
tight (br, f, fl, fr, kn,
l, m, n, r, s, sl;
bite-k, m, qu, wh,
wr; height)
tighter (br, f, l;

writer)
tike (b, d, h, l, m, sp,
str, tr)
tile (f, m, p, sm, wh;
aisle; isle; style)
till (ill-b, ch, d, dr, f,
g, h, k, m, p, qu,
s, shr, sk, sp, st,
thr, w; kiln)
time (ch, cr, d, gr,
pr, sl; climb; I'm;
rhyme)
tin (in-b, ch, gr, k,
p, s, sh, sk, th,
tw, w; inn)
tingle (j, m, s, sh)
tint (fl, h, l, m, pr,
spl, squ)
tiny (sh)
tip (ch, cl, d, dr, e·qu
fl, gr, h, l, r, s,
sh, sk, str, tr, wh,
z; gyp)
tire (des, f, m, re·qu,
t, um·p, vam·p, w;
buyer-fr, spr; choir;
drier-fl; higher; liar)
tissue (issue)
to (d, wh; blew-ch, dr,
d, dr, f, fl, kn, st,
thr, vi; blue-c, cl,
gl, s, tr; canoe-sh;
ewe; igloo-t, z; you)
toad (l, r; code-l, r;
hoed; owed-cr, fl,
gl, m, r, s, sh, sl,
sn, t; sewed)
toast (b, c, r; ghost-h,
m, p)
toaster (b, c; poster)
toe (d, h; bow-bl, cr,
fl, gl, gr, kn, l, m,
r, sl, sn, thr;

dough-th; go-n,
s; oh; owe; sew)
toes (does [deer]-t;
chose-cl, h, n, p,
pr, r, th; clothes;
crows-fl, gl, kn,
r, sh, sl, sn, thr;
doze-fr; owes; sews)
together (wh; feather-
l, w)
toil (oil-b, c, f, s,
sp)
token (br, sp)
told (old-b, c, f, g,
h, m, s, sc;
bowled; strolled)
tomb (boom-bl, br, d,
gr, r; fume-pl;
whom)
tomorrow (b, s)
ton (s, w; bun-f, g,
n, p, r, s, sp;
one-d, n)
tone (b, c, l, ph, st,
thr, z; groan-l, m;
own-bl, fl, gr, sh,
thr; sewn)
too (ig·l, z; blew-ch,
cr, d, dr, f, fl,
kn, st, thr, vi;
blue-c, cl, gl, s,
tr; canoe-sh; do-t,
wh; ewe; you)
took (b, br, c, cr,
h, l, sh)
tool (c, f, p, sch, sp,
st; mule-r; who'll;
you'll)
toot (b, h, r, sc, sh,
sn; brute-ch, fl,
m; fruit-s; route)
tooth (b; truth; youth)
toothless (ruthless)

top (c, ch, cr, dr, fl,
　h, m, p, pl, sh,
　sl, st; swap)
topic (tr)
topped (ch, dr, fl, pl,
　st; adopt; swapped)
torch (p, sc)
tore (ore-b, ch, ex·pl,
　m, s, sc, sh, sn,
　st, sw, w; door-fl;
　oar-b, r, s; o'er;
　or-n; pour; war)
toss (a·cr, b, cr, l, m)
tossed (cost-fr, l)
touch (clutch-cr; much-
　s)
tough (e·n, r; bluff-c,
　fl, gr, p, sc, sn,
　st)
tougher (r; bluffer)
tour (y; cure-l, p, s;
　you're)
touring (curing-d)
tow (b, bl, cr, gl, gr,
　kn, m, r, sl, sn,
　thr; doe-h, t; dough-
　th; go-n, s; oh; owe)
towed (owed-cr, fl, gl,
　m, r, s, sh, sl, sn;
　code-l, r; hoed; load-
　r, t; sewed)
towel (v; foul; owl-f,
　gr, h, sc)
tower (fl, p, sh; our-
　fl, h, s, sc)
towered (sh; coward;
　scoured)
town (br, cl, cr, d, dr,
　fr, g; noun)
toy (an·n, b, bu,
　de·str, em·pl, j)
toys (an·n, b, bu,
　de·str, em·pl, j;
　noise-p)
trace (ace-br, dis·gr,
　f, l, p, pl, r, tr;
　base-c, ch, e·r, v)
track (at·t, b, bl, cr,
　kn, l, p, qu, r, s,
　sh, sl, sm, sn, st,
　t; kayak-ko·d)
tracked (at·t, cr, l, s,
　sm, st, t; act-f, p,
　t)
tracks (at·t, b, cr, j,
　l, qu, p, r, s, sh,
　sl, sm, sn, st, t;
　ax-t; axe; kayaks-
　ko·d)
tractor (actor)
trade (ade-bl, f, gr,
　pa·r, sh, sp, w;
　aid-a·fr, br, l, m,
　p, r; betrayed-de·c,
　pl, pr, st, str;
　neighed-w; obeyed)
tragic (m)
trail (ail-f, h, m, n, p,
　qu, r, s, sn, t;
　bale-g, m, p, s, sc,
　st, t, wh; Braille;
　they'll; veil)
train (br, ch, dr, g,
　gr, l, p, pl, r,
　re·m, sl, st, str,
　v; cane-cr, l, m,
　pl, s, w; reign;
　rein-v)
trait (b, str, w; ate-cr,
　cre, d, f, g, l, m,
　pl, r, sk, st;
　freight-w; great;
　straight)
tramp (c, ch, cl, cr,
　d, l, r, sc, st)
trample (ample-ex, s)

trance (ch, d, ro·m;
ants-p, pl, sl;
aunts; expanse)
trap (c, ch, cl, fl, g,
l, m, n, s, scr, sl,
sn, str, t, wr)
trapeze (bees-f, kn,
tr; breeze-fr, sn,
squ; cheese; ease-
pl, t; fleas-p, pl;
he's-sh; seize; skis)
trapper (fl, n, wr)
traps (c, ch, cl, fl, l,
m, n, s, scr, sn, t,
wr; collapse)
trash (ash-c, cl, cr,
d, fl, h, m, sm,
spl, thr; mustache)
travel (gr, un·r)
tray (a·w, b, br, cl,
d, g, gr, h, j, m,
p, pl, pr, r, s, sl,
spr, st, str, sw,
tr, w; grey-pr, th;
neigh-sl, w; obey)
trays (b, d, p, pl, pr,
r, spr, st, str, w;
amaze-d, gl, gr, h;
neighs-sl, w; obeys;
phrase; praise-r)
tread (a·h, br, d, h,
in·st, l, r, spr,
thr; bed-bl, f, fl,
l, r, sh, shr, sl,
sp, w; said)
treason (r, s)
treat (eat-b, ch, h, m,
n, wh; athlete; beet-
f, fl, gr, m, sh, sl,
str; receipt; suite)
treaty (m; sweetie)
tree (b, de·gr, f, fl,
fr, gl, kn, s, thr;
be-h, m, sh, w;
flea-p, pl, s, t;
key; ski)
trees (b, f, kn;
breeze-fr, sn, squ;
cheese; ease-pl, t;
fleas-p, pl; he's-
sh; seize; skis;
trapeze)
tremble (re·s)
trench (b, cl, dr, qu,
wr)
trial (d, de·n)
triangle (angle-d, sp,
str, t, wr)
tribal (Bible)
tribe (br)
trick (br, ch, cl, k,
l, m, p, qu, s, sl,
st, t, th, w)
tricked (cl, k, l, n,
p; conflict-con·v,
str)
trickle (f, p, t; nickel;
popsicle)
tricks (br, ch, k, l,
n, p, st, t, w;
fix-m, s)
tricky (st)
tricycle (cycle-bi;
icicle)
tried (cr, d, dr, l, sp,
t; bride-gl, gu, h,
pr, s, sl, str, t,
w; I'd)
tries (cr, d, de·n, dr,
l, sk, sp, t; buys-
g; eyes; prize-s;
rise-w; sighs; whys)
trifle (r)
trigger (b, d)
trike (b, d, h, l, m,
sp, str, t)

trillion (b, m)
trim (d, gr, h, r, sk, sl, sw, wh; gym; hymn; limb)
trip (ch, cl, d, dr, e·qu, fl, gr, h, l, r, s, sh, sk, str, t, wh, z; gyp)
trod (c, G, n, p, pl, r; applaud; broad; gnawed; odd; squad)
troll (r, str; bowl; coal-g; control; hole-p, r, st, wh; soul)
troop (c, h, l, sc, st, sw; group)
trooper (sc, sn; super)
tropic (t)
trot (bl, c, d, g, h, j, kn, l, n, p, pl, r, sh, sp; squat-sw; watt)
trouble (d; bubble-r, st)
trough (c; off-sc)
trout (out-a·b, b, p, sc, sh, sn, st; doubt)
truce (spr; caboose-g, l, m, n; use)
truck (b, cl, d, l, s, st, str)
trucks (b, cl, d, s)
trudge (b, f, gr, j)
true (bl, c, cl, gl, s; blew-ch, cr, d, f, fl, kn, st, thr, vi; canoe-sh; do-t, wh; ewe; igloo-t, z; you)
truly (d; newly)
trunk (b, ch, dr, fl, j, pl, s, sk, sp)
trust (b, cr, d, dis·g, j, m, r, thr)
trusty (d, g, r)
truth (booth-t; youth)
try (b, cr, fl, fr, m, pr, sh, sk, sl, sp, spr, wh; buy-g; die-l, p, t; dye-e, l, r; high-s, th)
tub (c, cl, fl, gr, r, s, scr, sn, st)
tubby (ch, gr, h)
tuck (b, d, pl)
tucked (b, d, pl; con-duct-in·str)
tug (b, d, dr, h, j, l, m, pl, r, shr, sl, sm, sn)
tumble (b, cr, f, gr, h, j, m, r, st)
tummy (d, g, m)
tune (J, pr; balloon-car·t, c, co·c, m, n, rac·c, s, sp)
turf (s)
turn (b, ch; earn-l, y)
turtle (fertile)
tusk (d, m)
twelve (sh)
twenty (pl)
twice (ice-ad·v, d, l, m, n, pr, r, sl, sp, v)
twig (b, d, f, j, p, r, w)
twin (in-b, ch, gr, k, p, s, sh, sk, t, th, w; inn)
twine (d, f, l, m, n, p, sh, sp, sw; sign)
twinkle (spr, wr)
twirl (g, sw, wh; curl-h; pearl)
twirp (ch; slurp)

tw**i**st (f, l, m, wr; k**i**ssed-m)
tw**i**ster (bl, m, s)
tw**i**tter (b, cr, gl, h, kn, l, qu, s)
twos (bru**i**se-cr; can**oe**s-sh; choose; d**ue**s-gl; lose; newsp, vi; **oo**ze-sn; **u**sef; who's; whose; zoos)
type (gr**i**pe-p, r, str, sw, w)
udder (r, sh)
ugly (sn)
ump**i**re (des, f, m, re·qu, t, vam·p, w; buy**er**-fr, spr; choir; dr**ie**r-fl; h**i**gher; l**i**ar)
und**er** (bl, pl, th; wond**er**)
un**i**que (an·t; b**ea**k-cr, fr, l, p, sn, sp, squ, str, w; ch**ee**kcr, p, s, w)
up (c, p)
upp**er** (s)
us (b, pl, th; c**u**ss-f, m)
use (f; bru**i**se-cr; can**oe**s-sh; choose; d**ue**s-gl; lose; newsp, vi; **oo**ze-sn; twos; who's; whose; zoos)
use (cab**oo**se-g, l, m, n; spr**u**ce-tr)
ush**er** (g)
utt**er** (b, cl, fl, g, sh, sp, st)
v**ai**n (br, ch, dr, g, gr, l, p, pl, r, re·m, sl, st, str, tr; c**a**ne-cr, l, m, pl, s, w; reign; r**ei**n-v)
val**i**d (ballad; sal**a**d)
vall**ey** (**a**ll**ey**-g; d**a**ll**y**-r)
vamp**i**re (des, f, m, re·qu, t, um·p, w; buy**er**-fr, spr; choir; dr**ie**r-fl; h**i**gher; l**i**ar)
van (**a**n-b, be·g, c, f, m, p, pl, r, t, th)
van**i**lla (gor)
vap**or** (pap**er**-scr)
v**ary** (ca·n, li·br, sc; c**arry**-m; d**airy**-f, h; pr**ai**rie)
v**a**se (b, c, ch, e·r; **a**ce-br, dis·gr, f, l, p, pl, r, tr)
vassal (castle)
vast (bl, c, f, l, m, p; passed)
veal (d, h, m, r, s, squ, st, z; **ee**l-f, h, kn, p, r, st; he'll-sh, w)
veil (**ai**l-f, h, j, m, n, p, qu, r, s, sn, t, tr; b**a**le-g, m, p, s, sc, st, t, wh; Braille; they'll)
vein (r; brain-ch, dr, g, l, p, pl, sl, st, str, v; c**a**ne-cr, pl, s, w; reign)
verb (h, su·p; curb- dis·t)
v**er**se (n**ur**se-p; worse)
v**ery** (station; b**erry**-ch, f, m; b**ury**)
vest (b, ch, gu, n, p, r, re·qu, sug·g, t,

w; blessed-gu, pr; breast)
vet (b, du, for·g, fr, g, j, l, m, n, p, s, w, y; debt; sweat-thr)
vice (ice-ad·v, d, l, m, n, pr, r, sl, sp, tw)
view (bl, ch, cr, d, dr, f, fl, kn, st, thr; blue-c, cl, gl, s, tr; do-t, wh; ewe; igloo-t, z; you)
views (n, p; bruise-cr; canoes-sh; choose; dues-gl, h; ooze-sn; twos; use-f; who's; whose; zoos)
viper (sn)
voice (ch, re·j)
vote (n, pro·m, qu, wr; boat-c, fl, g, thr)
vouch (ouch-c, cr, gr, p, sl)
vow (ow-al·l, b, br, c, ch, h, n, pl, s, w)
vowed (al·l, b, pl; cloud-l, pr)
vowel (t; foul; owl-f, gr, h, sc)
vulture (c)
wad (squ; applaud; broad; cod-G, n, p, r, tr; gnawed
wade (ade-bl, f, gr, pa·r, sh, sp, tr; aid-a·fr, br, l, m, p, r; betrayed-de·c, pl, st, str; neighed-w; obeyed)
wag (b, br, dr, fl, g, l, n, r, s, sn, t)

wage (age-c, p, r, st; gauge)
wagon (dr)
waist (chased-br; disgraced-re·pl; haste-p, t, w)
wait (b, str, tr; ate-cr, cre, d, f, g, l, m, pl, r, sk, sl, st; eight-fr, w; great; straight)
wake (b, br, c, dr, f, fl, l, m, qu, r, s, sh, sn, st, t; ache; break-st)
waken (for·s, sh, t; bacon)
walk (b, ch, st, t; hawk-squ)
wall (all-b, c, f, h, m, sm, st, t, w; crawl-spr; haul)
wand (beyond-f, p; blonde)
wander (fonder-y)
wane (c, cr, m, pl, s; brain-ch, dr, g, gr, l, p, pl, r, re·m, sl, st, tr, v; reign; rein-v)
war (door-fl; oar-b, r, s; ore-b, ch, ex·pl, m, s, sc, sh, sn, st, sw, t, w; o'er; or-n; pour)
warm (sw; dorm-f, st)
warmer (former)
wart (qu; court; fort-p, s, sh, sn, sp)
warts (qu; courts; forts-p, s, sh, sn, sp; quartz)
was (buzz-f; does)

wash (squ)
waste (h, p, t;
  chased-e·r;
  disgraced-re·pl;
  waist)
watch (notch)
watt (blot-c, d, g, h,
  j, kn, l, n, p, pl,
  r, sh, sp, tr;
  squat-sw)
waukie (balky; squaw-
  ky; talkie)
wave (be·h, br, c, g,
  gr, p, r, s, sh, sl;
  they've)
way (a·w, b, br, cl,
  d, g, gr, h, j, m,
  p, pl, r, s, sl, spr,
  st, str, tr, w;
  grey-o·b, pr, th;
  neigh-sl, w)
ways (b, d, p, pl, pr,
  r, spr, st, str, tr;
  amaze-d, gl, gr, h;
  neighs-sl, w;
  phrase; praise-r)
we (b, h, m, sh; bee-
  de·gr, f, fl, fr, gl,
  kn, s, thr, tr; flea-
  p, pl, s, t; key;
  ski)
weak (b, cr, fr, l, p,
  sn, sp, squ, str;
  cheek-cr, p, s, w;
  antique-u·n)
weaken (beacon)
wealth (h)
wear (b, p, sw, t; air-
  ch, f, h, p; bare-c,
  d, f, fl, gl, h, m,
  r, sc, sh, sp, squ,
  st; prayer; their;
  there-wh)

weather (f, l;
  together-wh)
weary (bl, sm, t;
  cheery; dearie;
  eerie)
wed (b, bl, f, fl, l,
  r, sh, shr, sl, sp;
  ahead-br, d, h,
  in·st, l, r, spr,
  thr, tr; said)
we'd (h, sh; bead-kn,
  l, pl, r; agreed-bl,
  br, d, ex·c, f, fr,
  gr, in·d, n, pro·c,
  s, sp, suc·c, w)
wedge (edge-dr, l, h,
  pl, sl)
weed (a·gr, bl, br, d,
  ex·c, f, fr, gr,
  in·d, n, pro·c, s,
  sp, suc·c; bead-kn,
  l, pl, r; he'd-sh,
  w)
weeder (bl, br, f;
  cedar; leader-r)
weedy (gr, n, sp)
week (ch, cr, p, s;
  antique-u·n; beak-
  cr, fr, l, p, sn,
  sp, squ, str, w)
weeny (t; meany)
weep (ch, cr, d, j, k,
  p, s, sh, sl, st,
  sw; cheap-h, l, r)
weepy (sl; tepee)
weigh (n, sl; away-b,
  br, cl, d, g, gr,
  h, j, m, p, pl, pr,
  r, s, sl, spr, st,
  str, sw, tr, w;
  grey-o·b, pr, th)
weighed (n; ade-bl, f,
  gr, pa·r, sh, sp,

107

weighs (tr, w; aid-a·fr, br, l, p, r; betrayed-de·c, pl, pr, st, str; obeyed)
weighs (n, sl; amaze-d, gl, gr, h; bays-d, p, pl, r, spr, st, str, tr, w; phrase; praise-r)
weight (eight-fr; ate-cr, cre, d, f, g, l, m, pl, r, sk, sl, st; bait-str, w; great; straight)
weighty (eighty)
weird (appeared-cl, f, n, r, sm, sp; beard; cheered-p, sn, st)
weld (h; felled)
well (b, c, d, dw, f, s, sh, sm, sp, t, y; belle-ga·z; expel-ho·t, re·b)
we'll (h, sh; deal-h, m, r, s, squ, st, v, z; eel-f, h, kn, p, r, st)
went (b, c, d, r, s, sc, sp, t; meant)
wept (ac·c, ex·c, k, sl, sw)
we're (cheer-d, j, p, qu, sn, st; ear-cl, d, f, g, h, n, r, sm, sp, t, y; here-m; pier)
west (b, ch, gu, n, p, re·qu, sug·g, t, v; blessed-gu, pr; breast)
wet (b, du, for·g, fr, g, j, l, m, n, p, s, v, y; debt; sweat-thr)
we've (achieve-be·l, gr, re·l, re·tr; conceive-de, re)
whale (b, g, m, p, s, sc, st, t; ail-f, h, m, n, p, qu, r, s, sn, t, tr; Braille; they'll; veil)
wheat (eat-b, ch, h, m, n, tr; athlete; beet-f, fl, gr, m, sh, sl, str; receipt; suite)
when (d, h, m, p, t, th, wr; again)
when's (cleanse; dens-h, l, p, t, wr)
where (th; air-ch, f, h, p; bare-c, d, f, fl, gl, h, m, r, sc, sh, sp, squ, st; pear-sw, t, w; prayer; their)
whether (to·g; feather-l, w)
which (r; itch-d, h, p, st, sw, w)
whiff (cl, j, sn, st; if)
while (f, m, p, sm, t; aisle; isle; style)
whim (d, gr, h, r, sk, sl, sw, tr; gym; hymn; limb)
whined (d, l, m; bind-bl, f, gr, k, m, r, w; signed)
whip (ch, cl, d, dr, e·qu, fl, gr, h, l, r, s, sh, sk, str, t, z; gyp)
whirl (g, sw, tw; curl-h; pearl)
whistle (br, gr, th;

missile)
white (b, k, m, qu, wr; br<u>igh</u>t-f, fl, fr, kn, l, m, n, r, s, sl, t; height)
whittle (br, l)
wh<u>iz</u> (fizz; is-h)
who (d, t; bl<u>ew</u>-ch, cr, d, dr, fl, <u>kn</u>, st, thr, vi; blue-c, cl, gl, s, tr; can<u>oe</u>-sh; ewe; igl<u>oo</u>-t, z; you)
wh<u>o</u>le (h, p, r, st; b<u>ow</u>l; c<u>oa</u>l-g; control; r<u>oll</u>-str, tr; soul)
who'll (c<u>oo</u>l-f, p, sch, sp, st, t; m<u>u</u>le-r; you'll)
whom (b<u>oo</u>m-bl, br, d, gr, r; f<u>u</u>me-pl; tomb)
who's (br<u>ui</u>se-cr, can<u>oes</u>-sh; choose; d<u>ues</u>-gl; lose; news-p, vi; ooze-sn; t<u>wo</u>s; use-f; wh<u>o'</u>s; zoos)
wh<u>o</u>se (br<u>ui</u>se-cr; can<u>oes</u>-sh; choose; d<u>ues</u>-gl; lose; news-p, vi; ooze-sn; t<u>wo</u>s; use-f; zoos)
wh<u>y</u> (b, cr, fl, fr, m, pr, sh, sk, sl, sp, spr, tr; b<u>uy</u>-g; die-l, p, t; d<u>ye</u>-e, l, r; h<u>igh</u>-s, th)
wh<u>y</u>s (b<u>uy</u>s-g; cries-d, de·n, dr, l, sk, sp, t, tr; eyes; pr<u>i</u>ze-s; r<u>i</u>se-w; sighs)
wi<u>ck</u> (br, ch, cl, k, l, p, qu, s, sl, st, t,
th, tr)
wi<u>ck</u>s (br, ch, k, l, n, p, st, t, tr; fix-m, s)
wi<u>de</u> (br, gl, gu, h, pr, r, sl, str, t; cr<u>ied</u>-d, dr, l, sp, t, tr; I'd)
w<u>ide</u>r (c, r, sp)
w<u>ield</u> (f, sh, y; h<u>ealed</u>-s, squ; kneeled)
wife (f, l, str)
w<u>ig</u> (b, d, f, j, p, r, tw)
wild (ch, m; f<u>iled</u>-p, sm)
will (<u>ill</u>-b, ch, d, dr, f, g, h, k, m, p, qu, s, shr, sk, sp, st, t, thr; kiln)
willow (p; armadillo)
win (<u>in</u>-b, ch, gr, k, p, s, sh, sk, t, th, tw; inn)
wi<u>nce</u> (pr; hi<u>nts</u>-m, pr; rinse)
wind (gr<u>inn</u>ed-sk)
w<u>ind</u> (b, f, gr, k, m, r, w; d<u>ined</u>-l, m, wh; signed)
wi<u>ng</u> (br, cl, fl, k, r, s, spr, st, str, sw, th)
wi<u>nk</u> (<u>ink</u>-bl, br, dr, k, l, m, p, r, s, shr, st, th)
wi<u>nk</u>ed (bl, l; extinct)
wi<u>nn</u>er (<u>inn</u>er-d, s, sp, th)
winter (pr)
wi<u>pe</u> (gr, p, r, str, sw; type)

wire (m, t; buyer-fr, spr; choir; drier; higher; liar)
wise (r; buys-g; cries-d, de·n, dr, l, sk, sp, t, tr; eyes; prize-s; sighs; whys)
wiser (m; geyser)
wish (d, f, sw)
wit (it-b, f, fl, gr, h, k, kn, l, p, qu, s, sl, sp, spl; mitt)
witch (itch-d, h, p, st, sw; rich-wh)
with (myth)
wits (its-b, f, gr, h, k, kn, p, qu, s, sl, sp, spl; it's; mitts)
witty (d, k; city-p; pretty)
wizard (l; blizzard-g)
wobble (c, g, h; squabble)
won (s, t; bun-f, g, n, p, r, s, sp; one-d, n)
wonder (under-bl, pl, th)
won't (d)
wood (g, h, st; could-sh, w)
wool (bull-f, p)
word (bird-th; blurred-oc·c; heard; herd)
wore (ore-b, ch, ex·pl, m, s, sc, sh, sn, st, sw, t; door-fl; oar-b, r, s; o'er; or-n; pour; war)
work (clerk-j, p; lurk)
worm (firm-squ; germ-t)
worn (b, c, h, sc, th)
worry (furry-h)
worse (nurse-p; verse)
worst (burst; first-th; nursed)
would (c, sh; good-h, st, w)
wound (b, f, gr, h, m, p, r, s; clowned)
wove (dr, gr, st)
wow (ow-al·l, b, br, c, ch, h, n, pl, s, v)
wrangle (angle-d, sp, str, t, tri)
wrap (c, ch, cl, g, l, m, n, s, scr, sl, sn, str, t, tr)
wrapper (fl, n, tr)
wraps (c, ch, cl, fl, l, m, n, s, sl, sn, str, t, tr; collapse)
wreath (be·n; teeth)
wreck (ch, d, fl, n, p, sp)
wrecked (ch, fl, p; correct-re·j, re·sp)
wrecks (ch, d, fl, m, p, sp; flex)
wren (d, h, m, p, t, th, wh; again)
wrench (b, cl, dr, qu, tr)
wrens (d, h, l, p, t; cleanse; men's-wh)
wriggle (g)
wrinkle (spr, tw)
wrist (f, l, m, tw; kissed-m)
write (b, k, m, qu, wr; bright-f, fl, fr, kn, l, m, n, r, s, sl, t; height)

writer (bri__gh__ter-f, l, t)
written (b, k, m)
wro__ng__ (a·l, be·l, g, l, s, str)
wro__te__ (n, pro·m, qu, v; boat-c, fl, m)
wru__ng__ (fl, h, l, s, st, str; among; tongue; young)
y__ar__d (c, gu, h, l, re·g; barred-j, sc)
y__ar__n (b, d)
y__aw__n (d, dr, f, l; gone; on; swan)
y__ear__ (__ear__-cl, d, f, g, h, n, r, sm, sp, t; ch__eer__-d, j, p, qu, sn, st; h__ere__-m; pier; we're)
y__ear__n (__earn__-l; b__urn__-ch, t)
y__ell__ (b, c, d, dw, f, s, sh, sm, sp, t, w; b__elle__-ga·z; expel-ho·t, re·b)
yellow (f; c__ello__-h, j)
y__elp__ (h)
yes (bl__ess__-ch, con·f, dr, gu, l, m, pr, str, suc·c)
y__et__ (b, du, for·g, fr, g, j, l, m, n, pr, s, v, w; debt; sweat-thr
y__ie__ld (f, sh, w; h__ea__led-s, squ; kneeled)
yo__ke__ (br, j, sm, sp, str; folk; __oak__-cl, cr, s)
yo__kes__ (j, sm, str; c__oax__-h; folks; __oaks__-cl, dr, s)
you (bl__ew__-ch, cr, d, f, fl, kn, st, thr, vi; blue-c, cl, gl, s, tr; ewe; egl__oo__-t, z; do-t, wh)
you'll (c__ool__-f, p, sch, sp, st, t; m__ule__-r; who'll)
yonder (f; wander)
young (among; flu__ng__-h, l, s, st, str, wr; tongue)
younger (hunger)
y__our__ (t; c__ure__-l, p, s; you're)
y__our__ (t; c__ure__-l, p, s; you're)
you're (t; c__ure__-l, p, s; tour-y)
youth (booth-t; truth)
you've (m__ove__-pr, re·m)
zeal (d, h, m, r, s, squ, st, v; __eel__-f, h, kn, p, r, st; he'll-wh, w)
zero (h)
z__ip__ (ch, cl, d, dr, e·qu, fl, gr, h, l, r, s, sh, sk, str, t, tr, wh; gyp)
zipper (d, fl, sk)
zo__ne__ (b, c, l, ph, st, t, thr; groan-l, m; __own__-bl, fl, gr, sh, thr; sewn)
z__oo__ (ig·l, t; blue-c, cl, d, gl, s, tr; bl__ew__-ch, cr, d, dr, f, fl, gr, kn, n, st, thr, vi; can__oe__-sh; do-t, wh; ewe; you)
z__oos__ (ig·l; bruise-cr; can__oes__-sh; choose; d__ues__-gl; lose; news-p, vi; __ooze__-sn; twos; __use__-f; who's; whose)